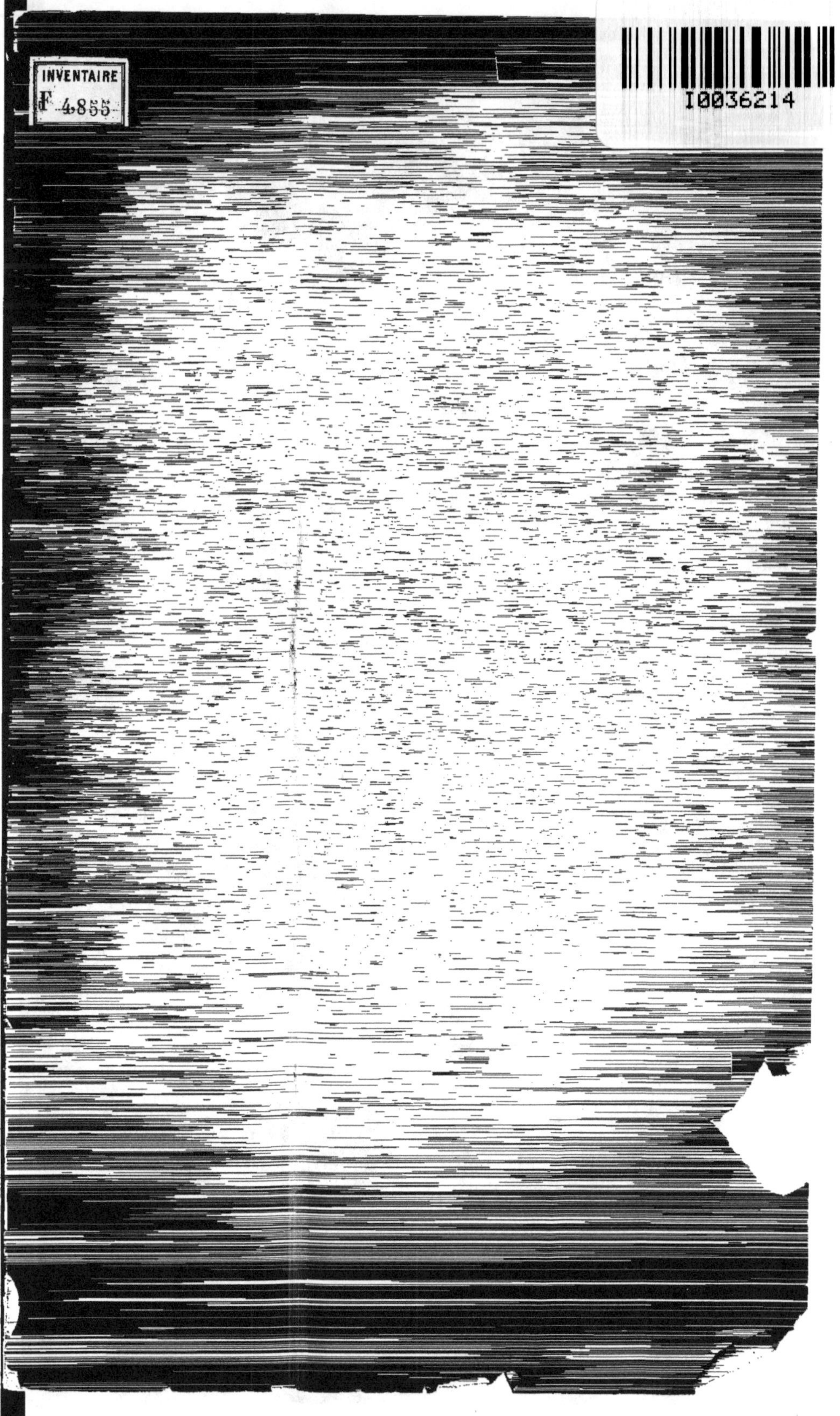

MINISTÈRE DES AFFAIRES ÉTRANGÈRES.

RÈGLEMENT

POUR SERVIR À L'EXÉCUTION,

EN CE QUI CONCERNE LE DÉPARTEMENT DES AFFAIRES ÉTRANGÈRES,

DU DÉCRET IMPÉRIAL DU 31 MAI 1862

SUR LA COMPTABILITÉ PUBLIQUE,

ET

NOMENCLATURE DES PIÈCES A PRODUIRE AUX COMPTABLES DU TRÉSOR A L'APPUI DES PAYEMENTS,

PRÉSENTANT L'ANALYSE

DU MODE D'ADMINISTRATION ET DE COMPTABILITÉ DES DIVERS SERVICES.

PARIS.

IMPRIMERIE IMPÉRIALE.

1er OCTOBRE 1867.

1867

MINISTÈRE
DES AFFAIRES
ÉTRANGÈRES.

DIRECTION
DES FONDS
ET
DE LA COMPTABILITÉ.

Envoi du règlement d'exécution, en ce qui concerne le ministère des affaires étrangères, du décret impérial du 31 mai 1862, sur la comptabilité publique.

Paris, le 3 octobre 1867.

LE MINISTRE SECRÉTAIRE D'ÉTAT AU DÉPARTEMENT DES AFFAIRES ÉTRANGÈRES,

A MM. les Agents politiques et consulaires.

MONSIEUR depuis vingt-cinq ans de profondes modifications avaient été apportées, soit par la Législature, soit par les actes du Gouvernement, aux dispositions qui régissent notre comptabilité publique. Il était donc nécessaire de reviser l'Ordonnance royale du 31 mai 1838, qui formait la base de notre législation financière, et d'établir un nouveau recueil conforme à l'état actuel de nos institutions. Ce travail a fait l'objet d'un Décret rendu par l'Empereur le 31 mai 1862.

L'article 881 de ce Décret porte que des règlements spéciaux seront rendus par les différents services soumis à l'application des règles qu'il prescrit, et que lesdits règlements seront suivis de la nomenclature des pièces à produire à l'appui des opérations des comptables. C'est en vue de satisfaire à cette double obligation qu'a été rédigé le Règlement dont j'ai l'honneur de vous adresser un exemplaire : ce travail a été approuvé par une commission chargée de l'examiner, et il est revêtu de la sanction de l'Empereur.

Tout en donnant une nouvelle force à celles des dispositions de l'acte du 6 novembre 1840, qui n'ont pas été abrogées, ce document, qui servira dorénavant de guide à votre chancellerie, fournit, pour la généralité des services, des éclaircissements beaucoup plus complets, et trace aux comptables, avec une précision qui ne laisse plus subsister aucun doute, les formalités auxquelles ils devront se soumettre en ce qui concerne la justification des dépenses.

Les justifications ont été, autant que possible, rendues uniformes, sous le titre de Justifications communes, *dans tous les cas qui présentaient entre eux quelque analogie; mais le service des affaires étrangères ne se prêtait que difficilement, par sa nature, à cette simplification, et l'on a jugé utile de décrire avec détail, pour chaque chapitre du budget, le mode d'administration spécial qui lui est applicable; ces développements sont contenus dans la Nomenclature qui fait suite au Règlement proprement dit.*

Vous aurez à vous pénétrer tout particulièrement de la partie du nouveau Règlement qui a trait aux dépenses faites à l'étranger par les agents du service extérieur, et vous remarquerez, en ce qui concerne la justification de ces avances, que mon Département a maintenu la disposition qui, dans les cas exceptionnels, permet de suppléer les pièces par une déclaration motivée; mais vous continuerez à n'user de cette faculté que lorsqu'il y aura empêchement absolu à ce que le créancier réel soit mis, suivant la règle, en présence du Trésor.

J'appelle, en outre, votre attention sur les modifications apportées à la durée des opérations de l'exercice financier, dont les limites ont été réduites de dix-neuf à dix-sept mois, en sorte que les dépenses afférentes à un exercice, c'est-à-dire contenues dans la période de douze mois (du 1er janvier au 31 décembre), ne peuvent plus être ordonnancées que jusqu'au 31 juillet de l'année suivante, et que les ordonnances émises ne sont payables que jusqu'au 31 août de cette même année. (Art. 11 du nouveau Règlement.)

Passé ce terme, les créances arriérées ne peuvent plus être remboursées qu'au titre des exercices clos, et, plus tard, des exercices périmés, en vertu de règles spéciales (titre VI, page 35); je crois devoir, à ce sujet, vous rappeler les instructions tracées dans la circulaire du 12 novembre 1840, transmissive du Règlement du 6 du même mois.

Le document important que j'ai l'honneur de vous adresser a sa place marquée dans votre chancellerie, et je vous invite à prendre, dès à présent, les mesures nécessaires pour qu'il soit mis à exécution à partir du 1er janvier 1868.

Recevez, Monsieur, l'assurance de ma considération distinguée.

Le Ministre Secrétaire d'État au département
des affaires étrangères,
Signé MOUSTIER.

Pour ampliation :

Le Ministre plénipotentiaire,
Directeur des fonds et de la comptabilité,

Signé BILLING.

RAPPORT A L'EMPEREUR.

Paris, le 1er octobre 1867.

SIRE,

J'ai l'honneur de présenter à Votre Majesté le Règlement qui a été rédigé pour servir à l'exécution, en ce qui concerne le département des affaires étrangères, du Décret impérial du 31 mai 1862, sur la comptabilité publique.

Ce nouveau document, destiné à remplacer celui du 6 novembre 1840, a été préalablement soumis à l'examen de la commission chargée de la révision des règlements ministériels, qui en a approuvé les dispositions.

Le but principal que cette commission avait en vue d'atteindre consistait à écarter les formalités administratives susceptibles d'être modifiées, et à établir, autant que possible, un mode uniforme de justifications applicable à la généralité des services; elle se proposait, en outre, de rendre plus précises les obligations des ordonnateurs et des agents de la dépense et d'entourer le contrôle de garanties plus efficaces. C'est dans cet esprit qu'a été rédigé le présent Règlement.

Il importe, toutefois, de remarquer que le mode d'administration des dépenses du Ministère des affaires étrangères revêt, dans la plupart des cas, un caractère spécial et, par conséquent, exclusif des simplifications proposées par la commission. Ainsi, les avances faites à l'étranger par les Agents diplomatiques et consulaires, non plus qu'un certain nombre d'autres dépenses, ne sauraient être régies par le système des *Justifications communes*, et il a été nécessaire d'établir, en ce qui les concerne, une série de dispositions particulières.

Si Votre Majesté daigne approuver le projet de Règlement ci-joint et la Nomenclature qui le complète, je la prierai de vouloir bien les revêtir de sa sanction, afin qu'ils soient mis à exécution à partir du 1er janvier 1868.

Je suis avec respect,

SIRE,

De VOTRE MAJESTÉ,

Le très-humble, très-obéissant serviteur et fidèle sujet.

Le Ministre Secrétaire d'État des affaires étrangères,

Signé MOUSTIER.

RÈGLEMENT

SUR

LA COMPTABILITÉ DES DÉPENSES

DU

MINISTÈRE DES AFFAIRES ÉTRANGÈRES.

SOMMAIRE.

NOTE.

Le présent règlement, rédigé en exécution de l'article 881 du décret impérial du 31 mai 1862 sur la comptabilité publique (1), a pour objet l'application aux divers services compris au budget du ministère des affaires étrangères, des lois, décrets, ordonnances et décisions concernant les dépenses de l'État.

On a cité le décret du 31 mai 1862 à la suite des articles du règlement qui reproduisent les dispositions de ce décret ou qui en dérivent.

Les articles où cette citation manque ont trait à des dispositions spéciales, à des développements de principe ou à des détails d'exécution.

(1) Cet article est ainsi conçu:

« Des règlements spéciaux sont rendus pour l'exécution du présent décret par les différents services soumis à l'application des règles qu'il prescrit; ces règlements sont suivis de la nomenclature des pièces à produire à l'appui des opérations des comptables. »

TABLEAU ANALYTIQUE

DES ARTICLES DU RÈGLEMENT.

TITRE I.

DES CRÉDITS DU BUDGET.

TITRE II.

DE L'EXÉCUTION DES SERVICES.

TITRE III.

DE LA LIQUIDATION DES DÉPENSES.

TITRE IV.

DE L'ORDONNANCEMENT DES DÉPENSES.

TITRE V.

DU PAYEMENT DES DÉPENSES.

TITRE VI.

DES DÉPENSES DES EXERCICES CLOS ET EXERCICES PÉRIMÉS.

TITRE VII.

DES ÉCRITURES DE L'ADMINISTRATION CENTRALE.

TITRE VIII.

DES COMPTES.

TITRE IX.

DISPOSITIONS SPÉCIALES.

RÈGLEMENT

SUR

LA COMPTABILITÉ DES DÉPENSES

DU

MINISTÈRE DES AFFAIRES ÉTRANGÈRES.

TITRE PREMIER.

DES CRÉDITS DU BUDGET.

ARTICLE PREMIER.

Définition de la gestion, de l'exercice et du budget.

Les services financiers s'exécutent dans des périodes dites de *gestion* et d'*exercice*.

La *gestion* embrasse l'ensemble des actes d'un comptable, soit pendant l'année, soit pendant la durée de ses fonctions.

L'*exercice* est la période d'exécution des services d'un budget; il prend la dénomination de l'année à laquelle il se rapporte.

Le *budget* est l'acte par lequel sont prévues et autorisées les recettes et les dépenses annuelles de l'État.

(*Articles 2 à 5 du décret du 31 mai 1862.*)

ART. 2.

Budget des dépenses du ministère des affaires étrangères. Sa composition.

Le budget du ministère des affaires étrangères, dont le présent règlement a pour objet de fixer le mode d'exécution et de comptabilité, forme une catégorie unique, comprenant les *dépenses ordinaires* du service général du ministère (administration centrale; traitements des agents du service extérieur; dépenses variables).

Est annexé à ce budget celui des *dépenses des chancelleries diplomatiques et consulaires*, au payement desquelles sont assignées des ressources spéciales, ainsi qu'il est indiqué ci-après au titre IX du présent règlement.

ART. 3.

Division du budget. Distinction des services.

Chaque budget est divisé en sections, chapitres et articles.

(Article 54 du décret du 31 mai 1862.)

Chaque chapitre ne contient que des services corrélatifs ou de même nature.

(Article 56 du décret du 31 mai 1862.)

Les services du personnel et du matériel doivent être présentés d'une manière distincte et séparée.

(Article 9 du décret du 31 mai 1862.)

ART. 4.

Préparation et forme du budget.

A l'époque désignée pour la préparation du budget à présenter au Corps législatif, le ministère des affaires étrangères envoie ses propositions budgétaires au ministère des finances (direction générale de la comptabilité publique) chargé de réunir les éléments des lois générales de finances.

Chaque projet de budget, établi comparativement aux allocations de l'exercice précédent et accompagné de notes explicatives des différences ressortant de cette comparaison, est formé d'un tableau des crédits par sections et chapitres et d'états de développements par subdivisions de chapitres.

(Articles 31 et 32 du décret du 31 mai 1862.)

ART. 5.

Vote du budget.

La loi annuelle de finances ouvre les crédits nécessaires aux dépenses présumées de chaque exercice; il est pourvu au payement de ces dépenses par les voies et moyens compris au budget des recettes.

Le budget des dépenses est voté par sections, conformément à la nomenclature arrêtée par un sénatus-consulte.

(Articles 53 et 54 du décret du 31 mai 1862.)

ART. 6.

Répartition des crédits votés.

La répartition par chapitres des crédits accordés pour chaque section, est réglée par décret de l'Empereur rendu en Conseil d'État.

(Article 54 du décret du 31 mai 1862.)

ART. 7.

Virements de crédits.

Des décrets spéciaux, rendus dans la même forme, peuvent autoriser, dans le cours de l'exercice, des virements de crédits d'un chapitre à un autre.

(Article 55 du décret du 31 mai 1862.)

ART. 8.

Sous-répartition des crédits.

Avant de faire aucune disposition sur les crédits de chaque exercice, le ministre répartit, par un arrêté spécial, entre les articles, les crédits ouverts aux divers chapitres de son budget par le décret général de répartition.

(Article 60 du décret du 31 mai 1862.)

ART. 9.

Unité de série pour tous les chapitres du budget.

Il est formé une série unique de chapitres ou de numéros pour l'ensemble des sections qui composent le budget.

ART. 10.

Détermination des services d'un exercice.

Sont seuls considérés comme appartenant à un exercice les services faits et les droits acquis du 1er janvier au 31 décembre de l'année qui donne son nom à cet exercice.

(*Article 6 du décret du 31 mai 1862.*)

ART. 11.

Durée des opérations de l'exercice.

La durée de la période pendant laquelle doivent se consommer tous les faits de dépense de chaque exercice se prolonge :

1° Jusqu'au 1er février de l'année qui suit celle de l'exercice, pour achever, dans la limite des crédits ouverts, les services du matériel dont l'exécution commencée n'aurait pu être terminée avant le 31 décembre précédent, pour des causes de force majeure ou d'intérêt public, qui doivent être énoncées dans une déclaration de l'ordonnateur jointe à l'ordonnance.

2° Jusqu'au 31 juillet de cette seconde année, pour la liquidation et pour l'ordonnancement des dépenses;

3° Jusqu'au 31 août suivant pour le payement des ordonnances.

(*Article 33 du décret du 31 mai 1862.*)

ART. 12.

Spécialité des crédits par exercice.

Les crédits ouverts pour les dépenses de chaque exercice ne peuvent être employés à l'acquittement des dépenses d'un autre exercice.

(*Article 8 du décret du 31 mai 1862.*)

ART. 13.

Règles pour l'application de la spécialité des crédits par exercice.

Le principe de la spécialité des crédits par exercice s'applique, d'après les règles suivantes, aux diverses dépenses du département des affaires étrangères.

§ I. Les indemnités diverses se rapportent à l'année du service qui donne lieu à leur allocation. Lorsque les services pour lesquels les indemnités sont allouées embrassent plusieurs années, sans qu'il soit possible de préciser les charges afférentes à chacune d'elles, la dépense est rattachée à l'année de la décision qui l'autorise.

§ II. Les frais de voyages et de missions se rapportent au temps même de leur durée et grèvent le budget de chacune des années pendant lesquelles les services ont été exécutés.

Toutefois, en ce qui touche les frais de voyages, lorsque la dépense porte sur deux exercices et qu'il est impossible d'apprécier exactement la part afférente à chacun d'eux, elle est imputée en totalité sur l'exercice le plus intéressé en raison du laps de temps pendant lequel le service a été exécuté. Dans tous les cas, s'il a été fait à l'agent une avance au moment de son départ, le solde est imputé sur l'exercice pendant lequel le voyage s'est le plus longtemps prolongé, et les pièces justificatives de la dépense sont produites à l'appui de l'ordonnance de solde.

§ III. Les époques d'échéance des secours annuels déterminent l'exercice qui doit en supporter la dépense.

Les secours accidentels s'imputent d'après la date des décisions qui les accordent.

§ IV. Le remboursement des retenues de garantie se rapporte à l'année pendant laquelle le certificat de réception définitive a été délivré.

§ V. Les prix d'acquisition d'immeubles s'imputent d'après la date de l'approbation donnée au contrat, ou d'après celle du contrat, en cas d'autorisation préalable.

Toutefois, lorsque les titres d'acquisition stipulent exceptionnellement des termes de payement, l'imputation est déterminée par l'époque des échéances.

§ VI. Les autres dépenses non spécifiées au présent article appartiennent à l'exercice de l'année pendant laquelle les services ont été effectués.

ART. 14.

Spécialité des crédits par chapitres.

Les crédits affectés à chacun des chapitres du budget du ministère des affaires étrangères ne peuvent être appliqués à des chapitres différents, si ce n'est en vertu de décrets de virements, conformément à l'article 7 ci-dessus.

ART. 15.

Rectification du budget.

Le budget peut être rectifié, s'il y a lieu, pendant le cours de l'exercice, par une nouvelle loi.

Les opérations de régularisation, postérieures à la clôture de l'exercice, sont l'objet de propositions spéciales dans la loi de règlement.

(*Article 32 du décret du 31 mai 1862.*)

ART. 16.

Interdiction de dépenses sans crédits.

Le ministre ne peut, sous sa responsabilité, dépenser au delà des crédits qui lui ont été ouverts, ni engager aucune dépense nouvelle, avant qu'il ait été pourvu par un supplément de crédit au moyen de la payer.

(*Article 41 du décret du 31 mai 1862.*)

ART. 17.

Suppléments de crédits.

Il ne peut être accordé de suppléments de crédits qu'en vertu d'une loi ou par un décret de virement.

(*Article 57 du décret du 31 mai 1862.*)

Il n'est point dérogé, par cette disposition, à celles des lois existantes, en ce qui concerne les dépenses des exercices clos.

(*Article 58 du décret du 31 mai 1862.*)

ART. 18.

Tout crédit ouvert au ministre des affaires étrangères, pour un service non prévu au budget de son département, forme un chapitre particulier du compte général de l'exercice sur lequel il a été ouvert.

(Article 59 du décret du 31 mai 1862.)

Crédits pour services non prévus au budget.

ART. 19.

Le ministre ne peut accroître, par aucune ressource particulière, le montant des crédits affectés aux dépenses de son département.

Prohibition de ressources étrangères aux crédits législatifs. Matériaux et objets utilisés à titre de réemploi.

Lorsque quelques-uns des objets mobiliers ou immobiliers à sa disposition ne peuvent être réemployés et sont susceptibles d'être vendus, la vente doit en être faite avec le concours des préposés des Domaines et dans les formes prescrites. Le produit de ces ventes est porté en recette au budget de l'exercice courant.

Les dispositions du présent article concernant les ventes des objets mobiliers ou immobiliers, ne sont point applicables aux matériaux et effets susceptibles d'être utilisés, lesquels peuvent être réemployés, moyennant justification, pour les besoins du service même d'où ils proviennent, sans qu'il y ait lieu d'en ordonnancer la valeur au profit du Trésor public.

(Article 43 du décret du 31 mai 1862.)

ART. 20.

Les reversements de trop payé, qui sont effectués pendant la durée de l'exercice sur lequel l'ordonnancement a eu lieu, peuvent être rétablis au crédit du service qui avait d'abord supporté la dépense.

Rétablissement de crédits par suite de reversement de fonds.

Ce rétablissement de crédit résulte de l'annulation du payement indûment fait, laquelle est opérée par virement de comptes, d'après la demande que le département des affaires étrangères adresse à cet effet au ministre des finances (direction générale de la comptabilité publique), en l'appuyant d'un récépissé du comptable qui a reçu les fonds, et de deux bordereaux (*modèles nos 3 et 4*) indiquant : 1° la date et le numéro, ainsi que le montant de l'ordonnance sur laquelle porte la restitution; 2° le comptable qui a acquitté la somme reversée; 3° les causes qui rendent nécessaire le rétablissement de cette somme au crédit du ministère. Les demandes de cette nature doivent être faites dans un délai de trois mois au plus tard, à partir de la date de chaque récépissé, et il n'en est plus admis après le 30 novembre de la seconde année de l'exercice.

(Articles 45 et 46 du décret du 31 mai 1862.)

En dehors des rétablissements de crédits spécifiés ci-dessus pour cause d'annulation d'une dépense indûment payée, aucune somme versée au Trésor ne doit être reprise par le ministère que si elle porte sur une ordonnance libellée originairement : *Avance à charge de réintégration*. Les reprises de l'espèce sont l'objet de bordereaux spéciaux.

(Article 47 du décret du 13 mai 1862.)

ART. 21.

Rétablissement de crédits par suite de remboursements de cessions ou d'avances.

Le remboursement du montant des avances faites par le ministère des affaires étrangères aux autres départements ministériels, est l'objet d'ordonnances de virements de comptes délivrées par les ministres de ces départements au profit du ministère des affaires étrangères, lequel obtient le rétablissement de la somme remboursée au crédit du chapitre de son budget qui a supporté la dépense.

Lorsque ce rétablissement ne peut plus avoir lieu, l'ordonnance de remboursement est délivrée au profit du Trésor, et il en est fait recette aux produits divers du budget de l'exercice courant.

(*Article 50 du décret du 31 mai 1862.*)

ART. 22.

Annulation des crédits non employés.

Les crédits ou portions de crédits qui n'ont pas été employés par des payements effectifs à l'époque du 31 août de la seconde année d'un exercice, sont annulés dans la comptabilité du ministère, après le règlement définitif de cet exercice, sauf le report de crédits spéciaux autorisé par les lois.

(*Article 119 du décret du 31 mai 1862*).

ART. 23.

Distribution mensuelle de fonds.

La somme dont le ministre des affaires étrangères peut disposer chaque mois pour les besoins de son département, est fixée par le décret général de distribution de fonds que le ministre des finances soumet à l'Empereur.

(*Article 61 du décret du 31 mai 1862.*)

A cet effet, il est adressé, avant le 25 de chaque mois, au ministère des finances (*modèle n° 6*), un aperçu des besoins prévus pour le mois suivant.

TITRE II.

DE L'EXÉCUTION DES SERVICES.

ART. 24.

Règle générale de l'exécution des services.

Aucun service à la charge du budget des affaires étrangères ne peut être fait ou consenti que sous la responsabilité du ministre et d'après son autorisation, soit que cette autorisation ait lieu spécialement, soit qu'elle résulte de l'exécution des lois et décrets ou de l'application des règlements.

ART. 25.

Modes d'administration et d'exécution des divers services.

Le mode d'administration et d'exécution de chaque service est déterminé par les instructions et règlements spéciaux dont l'analyse, en ce qui concerne la comptabilité, est présentée ci-après, en regard de la nomenclature des pièces justificatives à produire aux comptables du Trésor à l'appui des payements.

ART. 26.

Frais de premier établissement du ministre.

Aucune somme ne peut être allouée au ministre, à titre de frais de premier établissement, que par exception et en vertu d'un décret nominatif et motivé, rendu conformément aux dispositions de la loi du 25 mars 1817.

(Article 11 de la loi du 31 janvier 1833 et article 64 du décret du 31 mai 1862.)

ART. 27.

Traitements de diverses natures.

Les traitements fixes et suppléments de traitements, les remises et taxations, les indemnités fixes ou éventuelles allouées à titre d'émolument personnel, sont déterminés par les lois, décrets, arrêtés ou règlements relatifs aux services dans lesquels les emplois sont exercés, ou par des décisions de l'autorité compétente.

ART. 28.

Conditions et date de jouissance des traitements.

Les traitements et autres émoluments personnels sont acquis aux agents et employés en raison de l'accomplissement des fonctions ou services auxquels chaque rétribution est attachée.

La jouissance du traitement et des émoluments du nouveau titulaire d'un emploi court à partir du jour de son installation, à moins que l'époque d'entrée en jouissance ne résulte de l'acte même de nomination.

Les agents politiques et consulaires, absents par congé, jouissent de la moitié de leur traitement, à compter du lendemain du jour où ils quittent leur résidence jusqu'au jour où ils reprennent leurs fonctions.

La durée réglementaire du congé ne peut excéder quatre mois pour les agents qui résident en Europe et six mois pour ceux qui sont placés hors du territoire européen. Le temps du voyage d'aller et retour n'est pas compris dans la durée du congé.

Lorsqu'un emploi est sans titulaire ou que le titulaire est absent de son poste, la jouissance d'une partie du traitement et des émoluments attachés à cet emploi peut être accordée à toute personne appelée à remplir l'intérim, laquelle supporte alors les charges inhérentes au titre de l'emploi; néanmoins, les retenues au profit du Trésor pour le service des pensions civiles (article 46) ne sont exercées qu'autant que l'intérimaire fait partie d'une classe d'agents soumis au régime de ces retenues.

La portion du traitement du titulaire attribuée aux intérimaires, est du quart pour les chargés d'affaires, et de la moitié pour les gérants de postes consulaires et pour tous les autres agents remplissant, par intérim, des fonctions rétribuées.

Le quatrième quart du traitement disponible par suite du congé d'un chef de mission politique, est ordonnancé, en fin d'exercice, au profit du Trésor pour le service des pensions civiles.

Les chefs de mission diplomatique peuvent obtenir, chaque année, un congé ou une autorisation d'absence de quinze jours avec jouissance de leur traitement intégral.

Cette période de quinze jours, sans aucune retenue de traitement, comprend la durée du voyage d'aller et retour.

Toutes les fois que les chefs de poste politique, après avoir demandé et obtenu un congé de quinze jours, prolongent leur absence au delà de ce terme, ils perdent tout droit au bénéfice des deux paragraphes qui précèdent et les chargés d'affaires qui les remplacent, reçoivent le quart du traitement des titulaires, à dater du jour qui suit le départ de ces derniers.

Les chefs de mission diplomatique appelés à Paris par ordre conservent la jouissance des trois quarts de leur traitement pendant le temps de leur absence.

Les secrétaires de légation mis à la disposition du département reçoivent la totalité de leur traitement.

Les agents du service extérieur appelés à une autre résidence et qui, avant de se rendre à leur nouveau poste, sont retenus à Paris par ordre, ont droit au demi-traitement de ce poste et peuvent même, si ce demi-traitement n'est pas disponible, recevoir la moitié du traitement affecté à leur ancienne résidence; mais, dans le cas où ni l'un ni l'autre de ces traitements ne sont vacants, les agents dont il s'agit ne peuvent prétendre à aucune espèce d'indemnité équivalente.

Les mêmes avantages et les mêmes restrictions s'appliquent, pendant la durée de leur voyage, aux titulaires de postes situés hors d'Europe ou à ceux qui, nommés à des postes d'Europe, résidaient précédemment en dehors du territoire européen et réciproquement.

Ont droit à la moitié de leur traitement les agents diplomatiques et consulaires qui, à l'expiration de leur congé réglementaire, reçoivent l'ordre de rester à Paris pour affaires de service.

ART. 29.

Cessation de jouissance des traitements.

Les droits d'un titulaire d'emploi ou d'un intérimaire à la jouissance du traitement, s'éteignent le lendemain du jour de la cessation du service, par suite, soit de la remise de ce service entre les mains de leur successeur, soit de décès, soit de mise à la retraite, démission, révocation, suspension ou abandon des fonctions.

Le fonctionnaire admis à faire valoir ses droits à la retraite et l'agent démissionnaire, peuvent être maintenus momentanément en activité, lorsque l'intérêt du service l'exige.

ART. 30.

Cumul de traitements.

Il est interdit de cumuler *en entier* les traitements de plusieurs places, emplois ou commissions. En cas de cumul de deux traitements, le moindre est réduit à moitié; en cas de cumul de trois traitements, le troisième est en outre réduit au quart, et ainsi de suite en observant cette proportion.

La réduction portée par le présent article n'a pas lieu pour les traitements cumulés qui sont au-dessous de 3,000 francs, ni pour les traitements plus élevés qui en ont été exceptés par les lois.

(*Article 65 du décret du 31 mai 1862.*)

ART. 31.

Cumul des pensions.

Le cumul de deux pensions est autorisé dans la limite de 6,000 francs, pourvu qu'il n'y ait pas double emploi dans les années de service présentées pour la liquidation. Cette disposition n'est pas applicable aux pensions que des lois spéciales ont affranchies des prohibitions du cumul.

(*Article 270 du décret du 31 mai 1862.*)

Le titulaire de deux pensions, l'une sur le Trésor, l'autre sur les anciennes caisses des ministères et administrations, peut en jouir distinctement, pourvu qu'elles ne se rapportent ni au même temps, ni aux mêmes services.

(*Article 273 du décret du 31 mai 1862.*)

ART. 32.

Cumul de traitements et de pensions.

Les pensions de retraite pour services militaires peuvent se cumuler avec un traitement civil d'activité, excepté dans le cas où des services civils ont été admis comme complément du droit à ces pensions. Les pensions militaires de réforme sont, dans tous les cas, cumulables avec un traitement civil d'activité.

(*Article 271 du décret du 31 mai 1862.*)

Lorsqu'un pensionnaire civil est remis en activité dans le même service, le payement de sa pension est suspendu. Lorsqu'il est remis en activité dans un service différent, il peut cumuler sa pension ou son traitement, mais seulement jusqu'à concurrence de 1,500 francs.

(*Article 269 du décret du 31 mai 1862.*)

ART. 33.

Exceptions aux règles prohibitives du cumul.

Ne sont pas soumis aux dispositions prohibitives de cumul de traitements, ceux des maréchaux et amiraux, les dotations de sénateurs, les pensions à titre de récompense nationale, les pensions accordées aux anciens donataires et à leurs veuves, les dotations du Mont-de-Milan, les traitements de la Légion d'honneur et les rentes viagères attribuées à la Médaille militaire.

(*Articles 67 et 274 du décret du 31 mai 1862.*)

Toute autre exception aux lois prohibitives du cumul est autorisée par une disposition spéciale de la loi.

(*Article 275 du décret du 31 mai 1862.*)

ART. 34.

Marchés pour travaux et fournitures; règles générales et spéciales.

Tous marchés pour travaux et fournitures au compte du département des affaires étrangères, sont passés avec publicité et concurrence dans les formes déterminées ci-après et sauf les exceptions mentionnées au paragraphe suivant :

(*Article 68 du décret du 31 mai 1862.*)

§ I. Il peut être traité de gré à gré :

1° Pour les fournitures, transports et travaux dont la dépense totale n'excède pas 10,000 francs, ou s'il s'agit d'un marché passé pour plusieurs années dont la dépense annuelle n'excède pas 3,000 francs;

2° Pour toute espèce de fournitures, de transports ou de travaux, lorsque les circonstances exigent que les opérations du Gouvernement soient tenues secrètes; ces marchés doivent avoir été préalablement autorisés par l'Empereur sur un rapport spécial;

3° Pour les objets dont la fabrication est exclusivement attribuée à des porteurs de brevets d'invention ou d'importation;

4° Pour les objets qui n'auraient qu'un possesseur unique;

5° Pour les ouvrages et les objets d'art et de précision, dont l'exécution ne peut être confiée qu'à des artistes éprouvés;

6° Pour les exploitations, fabrications et fournitures qui ne sont faites qu'à titre d'essai;

7° Pour les matières et denrées qui, à raison de leur nature particulière et de la spécialité de l'emploi auquel elles sont destinées, sont achetées et choisies au lieu de production, ou livrées sans intermédiaires par les producteurs eux-mêmes;

8° Pour les fournitures, transports ou travaux qui n'ont été l'objet d'aucune offre aux adjudications, ou à l'égard desquels il n'a été offert que des prix inacceptables; toutefois, lorsque l'administration a cru devoir arrêter et faire connaître un maximum de prix, elle ne doit pas dépasser ce maximum;

9° Pour les fournitures, transports ou travaux qui, dans le cas d'urgence évidente amenée par des circonstances imprévues, ne peuvent pas subir les délais des adjudications.

10° Pour les affrétements passés au cours des places par l'intermédiaire des courtiers, et pour les assurances sur les chargements qui s'ensuivent.

(*Article 69 du décret du 31 mai 1862.*)

§ II. Les adjudications publiques relatives à des fournitures, à des travaux, à des exploitations ou fabrications qui ne peuvent être livrés sans inconvénient à une concurrence illimitée, sont soumises à des restrictions qui n'admettent à concourir que des personnes préalablement reconnues capables par l'administration et produisant des garanties exigées par les cahiers des charges.

(*Article 71 du décret du 31 mai 1862.*)

§ III. Les cahiers des charges déterminent la nature et l'importance des garanties que les fournisseurs ou entrepreneurs doivent produire, soit pour être admis aux adjudications, soit pour répondre de l'exécution de leurs engagements. Ils déterminent aussi l'action que l'administration exerce sur ces garanties en cas d'inexécution des engagements.

(*Article 73 du décret du 31 mai 1862.*)

§ IV. L'avis des adjudications à passer est publié, sauf le cas d'urgence, un mois à l'avance, par la voie des affiches et par tous les moyens ordinaires de publicité. Cet avis fait connaître le lieu où l'on peut prendre connaissance du cahier des charges; les autorités chargées de procéder à l'adjudication; le lieu, le jour et l'heure fixés pour l'adjudication.

(*Article 74 du décret du 31 mai 1862.*)

§ V. Les soumissions sont remises cachetées en séance publique.

Lorsqu'un maximum de prix ou un minimum de rabais a été arrêté d'avance par le ministre ou par le fonctionnaire qu'il a délégué, ce maximum ou ce minimum est déposé cacheté sur le bureau à l'ouverture de la séance.

(*Article 75 du décret du 31 mai 1862.*)

§ VI. Dans le cas où plusieurs soumissionnaires offriraient le même prix et où ce prix serait le plus bas de ceux que porteraient les soumissions, il est procédé, séance tenante et avant l'ouverture du pli cacheté, à une réadjudication soit sur de nouvelles soumissions, soit à l'extinction des feux, entre les soumissionnaires seulement.

(*Article 76 du décret du 31 mai 1862.*)

§ VII. Lorsque, d'après le dépouillement des soumissions déposées, il ne s'en trouve aucune dans la limite du maximum de prix ou du minimum de rabais, il peut être procédé, séance tenante, à une autre adjudication entre les soumissionnaires présents, lesquels, pour cet effet, sont admis à proposer par écrit des rabais sur leurs premières soumissions.

§ VIII. Les résultats de chaque adjudication sont constatés par un procès-verbal relatant toutes les circonstances de l'opération.

(*Article 77 du décret du 31 mai 1862.*)

§ IX. Il est fixé, par le cahier des charges, un délai pour recevoir des offres de rabais sur le prix de l'adjudication. Si, pendant ce délai qui ne doit pas dépasser trente jours, il est fait une ou plusieurs offres de rabais d'au moins 10 p. 0/0 chacune, il est procédé à une réadjudication entre le premier adjudicataire et l'auteur ou les auteurs des offres de rabais, pourvu que ces derniers aient, préalablement à leurs offres, satisfait aux conditions imposées par le cahier des charges pour pouvoir se présenter aux adjudications.

(*Article 78 du décret du 31 mai 1862.*)

§ X. Les adjudications et réadjudications sont toujours subordonnées à l'approbation du ministre, et ne sont valables et définitives qu'après cette approbation, sauf les exceptions spécialement autorisées et relatées dans le cahier des charges.

(*Article 79 du décret du 31 mai 1862.*)

§ XI. Les marchés de gré à gré sont passés par le ministre ou par les fonctionnaires qu'il délègue à cet effet. Ils ont lieu, soit sur un engagement souscrit à la suite du cahier des charges, soit sur soumission souscrite par celui qui propose de traiter, soit sur correspondance suivant l'usage du commerce.

Il peut y être suppléé par des travaux sur simple mémoire ou par des achats sur simple facture, pour les objets qui sont livrés immédiatement, quand la valeur n'excède pas 1,000 francs.

Les marchés de gré à gré passés par les délégués du ministre et les achats ou travaux exécutés dans la limite qui vient d'être déterminée, sont toujours subordonnés à son approbation, à moins, soit de nécessité résultant de force majeure, soit d'une autorisation spéciale ou dérivant des règlements; circonstances qui sont relatées dans les marchés ou dans les décisions approbatives des achats ou des travaux.

(*Article 80 du décret du 31 mai 1862.*)

§ XII. Les dispositions précédentes ne sont point applicables aux marchés passés hors du territoire français, ni aux travaux que l'administration, par des circonstances de force majeure ou d'urgence constatée, est dans la nécessité d'exécuter en régie ou à la journée, auquel cas il doit être joint à l'ordonnance, outre l'autorisation de l'administration supérieure, une déclaration de l'ordonnateur relatant ces circonstances.

(*Article 81 du décret du 31 mai 1862.*)

ART. 35.

Délai pour la production des pièces par les entrepreneurs et fournisseurs.

Les marchés, traités ou conventions à passer pour les services du matériel doivent exprimer l'obligation, pour tout entrepreneur ou fournisseur, de produire les titres justificatifs de la créance résultant de l'exécution du service, dans les trois mois qui suivent le trimestre pendant lequel le service a été exécuté ou terminé.

Lorsque la nature du service le permet, les marchés peuvent stipuler des délais de production plus restreints, afin de rapprocher, autant que possible, de l'époque d'exécution, celle de la liquidation définitive des dépenses.

ART. 36.

Prohibition de stipulation d'intérêts pour avances de fonds.

Aucune stipulation d'intérêt ou de commission de banque ne peut être consentie au profit d'un entrepreneur, fournisseur ou régisseur à raison d'emprunts temporaires ou d'avance de fonds pour l'exécution et le payement des services publics.

(*Article 12 du décret du 31 mai 1862.*)

Cette disposition n'exclut pas toutefois la concession d'indemnités en raison de frais extraordinaires qui ne peuvent être prévus dans les devis et ne sont pas susceptibles d'être supportés par les entrepreneurs ou autres créanciers des services.

ART. 37.

Loyers.

Tout bail au compte du département des affaires étrangères doit être autorisé par le ministre.

ART. 38.

Acquisition d'immeubles.

Les acquisitions d'immeubles sont autorisées, suivant le cas, soit par la loi, soit par décrets de l'Empereur, soit par décision ministérielle.

ART. 39.

Versement au Trésor de toute somme provenant d'un service public.

Toutes sommes provenant d'un service public ou de loyer de bâtiments et terrains dépendant d'immeubles appartenant à l'État, doivent être versées au Trésor public et portées en recette au budget.

TITRE III.

DE LA LIQUIDATION DES DÉPENSES.

ART. 40.

Liquidateurs; leur responsabilité.

Aucune créance ne peut être liquidée à la charge du Trésor que par le ministre ou par ses délégués.

(*Article 62 du décret du 31 mai 1862.*)

Les administrateurs sont responsables de l'exactitude des certifications qu'ils délivrent.

(Article 15 du décret du 31 mai 1862.)

ART. 41.

Aucun payement ne pouvant être effectué, aux termes de l'article 89, que pour l'acquittement d'un service fait, la constatation des droits des créanciers doit toujours précéder l'émission des ordonnances de payement, sauf les exceptions spécifiées au présent règlement.

Constatation préalable des droits des créanciers.

ART. 42.

La constatation des droits résulte des rapports ou décomptes de liquidation établis par la direction des fonds et de la comptabilité.

Mode de liquidation des droits acquis.

Il est procédé aux liquidations des droits acquis, soit d'office, pour les créances à l'égard desquelles il existe des bases ou éléments de liquidation dans les bureaux du ministère, soit d'après les pièces justificatives produites par les créanciers.

Les rapports de liquidation sont soumis à l'approbation du ministre, et cette approbation résulte de la signature apposée par le ministre, soit sur l'ordonnance même, pour les ordonnancements individuels, soit sur les états nominatifs de créanciers joints aux ordonnances collectives.

ART. 43.

Les titres de chaque liquidation doivent offrir les preuves des droits acquis aux créanciers de l'État, et être rédigés conformément aux instructions spéciales qui déterminent le mode de liquidation applicable à chaque espèce de dépense, la nature et la forme des pièces justificatives.

Titres justificatifs des droits des créanciers.

(Article 63 du décret du 31 mai 1862.)

ART. 44.

La production des pièces de dépenses ne s'effectue légalement que par l'envoi ou le dépôt au ministère des affaires étrangères des comptes, factures et autres documents exigés par les règlements, marchés ou conventions.

Production légale des pièces de dépenses.

La date de cette production est constatée au moyen de l'inscription qui en est faite sur des registres tenus à cet effet au ministère. Mention de l'enregistrement en est faite sur les lettres transmissives des pièces de dépenses.

Tout créancier a le droit de se faire délivrer par le Ministre un bulletin énonçant la date de sa demande et les pièces produites à l'appui.

(Articles 137 et 138 du décret du 31 mai 1862.)

ART. 45.

Les traitements et émoluments assimilés aux traitements sont payables à terme échu. Chaque mois, quel que soit le nombre de jours dont il se compose, compte pour trente jours. Le douzième de l'allocation annuelle se divise, en conséquence, par trentième; chaque trentième est indivisible.

Liquidation des traitements. Décomptes mensuels.

Les états ou décomptes mensuels ou trimestriels de liquidation portent sur le douzième ou sur le quart des allocations annuelles. Les centimes compris dans ce douzième ou ce quart entrent dans le décompte, mais toute fraction de centime se néglige. Ces décomptes présentent distinctement les diverses retenues à exercer au profit du Trésor pour le service des pensions civiles ou pour toute autre cause, et font ressortir la somme nette à payer à chaque titulaire : chaque fraction de centime est comptée pour un centime au profit du Trésor.

ART. 46.

Retenues sur traitements pour le service des pensions civiles.

Les fonctionnaires et employés de l'administration centrale du ministère des affaires étrangères et ceux du service extérieur, qui sont rétribués directement par l'État, supportent indistinctement, pour le service des pensions civiles et sans pouvoir dans aucun cas les répéter, les retenues ci-après, sur les sommes qui leur sont payées à titre de traitement fixe ou éventuel, de supplément de traitement, de remises proportionnelles, de salaires, ou qui constituent pour eux, à tout autre titre, un émolument personnel, savoir :

1° Une retenue de 5 p. 0/0 sur le montant brut des premiers 20,000 fr.; sur les 4/5es des seconds 20,000 francs; sur les 3/5es des troisièmes 20,000 francs; sur les 2/5es des quatrièmes 20,000 francs; et, enfin, sur le cinquième de tout ce qui excède 80,000 francs;

(*Article 19 du décret du 9 novembre 1853.*)

2° Une retenue du douzième du montant net du traitement ou de la rétribution, lors de la première nomination ou dans le cas de réintégration, et une autre du douzième du montant net de toute augmentation ultérieure;

3° Les retenues prescrites pour cause de congés et d'absences ou par mesure disciplinaire dans les cas spécifiés aux deux articles suivants.

Pour les fonctionnaires qui sont rétribués en tout ou en partie par des remises variables, la retenue du premier douzième des augmentations s'exerce en se reportant au dernier prélèvement subi par le titulaire, soit à titre de premier mois de traitement, soit à titre de premier douzième d'augmentation, et la différence existant entre la moyenne du traitement frappé de la dernière retenue et celle des émoluments afférents au nouvel emploi, constitue l'augmentation passible de la retenue du premier douzième.

(*Article 23 du décret du 9 novembre 1853.*)

Le fonctionnaire démissionnaire, révoqué ou destitué, s'il est réadmis dans un emploi assujetti à la retenue, subit de nouveau la retenue du premier mois de son traitement et celle du premier douzième des augmentations ultérieures. Celui qui, par mesure disciplinaire ou par mutation volontaire, est descendu à un traitement inférieur, subit la retenue du premier douzième des augmentations subséquentes.

(*Article 25 du décret du 9 novembre 1853.*)

ART. 47.

Retenues pour cause de congé et d'absence.

Les fonctionnaires et employés ne peuvent obtenir, chaque année, un congé ou une autorisation d'absence de plus de quinze jours, sans subir une retenue.

Toutefois un congé d'un mois, sans retenue, peut être accordé à ceux qui n'ont joui d'aucun congé et d'aucune autorisation d'absence pendant trois années consécutives.

Pour les congés de moins de trois mois, la retenue est de la moitié au moins et des deux tiers au plus du traitement. Après trois mois de congés consécutifs ou non, dans la même année, l'intégralité du traitement est retenue.

Si, pendant l'absence d'un employé, il y a lieu de pourvoir à des frais d'intérim, le montant en est précompté, jusqu'à due concurrence, sur la retenue qu'il doit subir.

En cas d'absence pour cause de maladie dûment constatée, le fonctionnaire ou l'employé peut être autorisé à conserver l'intégralité de son traitement pendant un temps qui ne peut excéder trois mois; pendant les trois mois suivants, il peut obtenir un congé avec retenue de moitié au moins et de deux tiers au plus du traitement. Si la maladie est déterminée par l'une des causes exceptionnelles prévues au premier et au deuxième paragraphes de l'article 11 de la loi du 9 juin 1853, le fonctionnaire peut conserver l'intégralité de son traitement jusqu'à son rétablissement ou jusqu'à sa mise à la retraite.

Sont affranchies de toute retenue les absences ayant pour cause l'accomplissement d'un des devoirs imposés par la loi.

Les retenues prescrites par le présent article s'exercent sur les rétributions de toute nature constituant l'émolument personnel passible de la retenue de 5 p. o/o aux termes de l'article précédent.

(*Articles 16 et 18 du décret du 9 novembre 1853.*)

ART. 48.

Retenues par mesure disciplinaire.

Le fonctionnaire ou l'employé qui s'est absenté ou a dépassé la durée de ses vacances ou de son congé, sans autorisation, peut être privé de son traitement pendant un temps double de celui de son absence irrégulière.

Une retenue, qui ne peut excéder deux mois de traitement, peut être infligée, par mesure disciplinaire, dans le cas d'inconduite, de négligence ou de manquement au service.

Cette retenue s'exerce pareillement sur l'intégralité de l'émolument personnel passible de la retenue de 5 p. o/o.

(*Articles 17 et 18 du décret du 9 novembre 1853.*)

ART. 49.

Indemnités distinctes des traitements; exemption des retenues.

Les indemnités attachées à l'exercice de divers emplois, en raison, soit de circonstances locales, soit de services spéciaux extraordinaires ou temporaires, ne sont point assimilées aux traitements fixes, lors même qu'elles sont payables par imputation sur les crédits affectés aux traitements. Ces dépenses sont toujours présentées distinctement dans les décomptes et classées dans la comptabilité sous la dénomination qui leur appartient.

Sont affranchies des retenues prescrites par l'article 46 ci-dessus, les sommes payées à titre d'indemnités pour frais de représentation, de gratifications éventuelles, de salaire pour travail extraordinaire, d'indemnités pour frais de service ou missions extraordinaires, d'indemnités de perte, de frais de voyage, d'abonnement et d'allocation pour frais de bureau, de régie, de table et de loyer et de remboursement de dépenses.

(*Article 21 du décret du 9 novembre 1853.*)

ART. 50.

Rappel de traitements.

Tout rappel de traitement et autre émolument personnel se liquide distinctement, à la charge de l'exercice déterminé par l'année pendant laquelle les droits au rappel ont été acquis. Il n'est, dans aucun cas, procédé par voie d'augmentation aux droits susceptibles d'être liquidés pour l'année courante.

ART. 51.

Reprise par voie de précompte sur traitements.

Les reprises à opérer pour traitements ou émoluments indûment payés, peuvent être précomptées sur les liquidations de droits ultérieurement acquis, lorsque la dépense à annuler et la dépense à acquitter sont homogènes et concernent le même exercice et le même chapitre du budget; il suffit alors d'expliquer l'opération dans le nouveau décompte, sur lequel il est fait déduction de la somme à répéter aux titulaires.

Ce mode de reprise par compensation s'applique également aux retenues.

ART. 52.

Retenues à précompter aux entrepreneurs et autres créanciers.

Les reprises à exercer envers des entrepreneurs, fournisseurs ou autres créanciers, pour cause de perte, moins-value ou débet, ainsi que pour retard dans l'exécution des travaux ou dans la livraison des fournitures, peuvent être opérées par voie d'imputation à leur débit; mais des ordonnances simultanées de pareilles sommes sont alors délivrées au profit du Trésor.

ART. 53.

Liquidation des droits à remboursement.

Toute liquidation pour un remboursement de trop-perçu doit relater la date de l'encaissement par le Trésor de la somme à rembourser, et indiquer l'imputation qu'elle a reçue au budget des recettes.

ART. 54.

Interdiction de grattage et de surcharge sur les pièces de dépenses.

Aucune pièce produite pour la justification des dépenses ne doit être grattée ni surchargée. Lorsqu'il y a lieu d'y opérer une rectification dans la somme ou dans le texte, la partie à corriger est biffée au moyen d'un trait de plume et remplacée par l'énonciation exacte qui doit lui être substituée. La substitution en interligne ou par renvoi, est approuvée et signée ou parafée par le liquidateur.

ART. 55.

Décisions ministérielles en matière contentieuse.

Les décisions rendues par le ministre en matière contentieuse et notifiées aux parties intéressées, ne peuvent être attaquées que dans la forme et les délais déterminés par le décret du 22 juillet 1806 (1).

---

(1) Article 11. Le recours au Conseil d'État, contre la décision d'une autorité qui y ressortit, ne sera pas recevable après trois mois du jour où cette décision aura été notifiée.

Sont toutefois admissibles, dans le délai fixé par l'article 116 du présent règlement, les réclamations appuyées de nouveaux titres ou ayant pour objet le redressement d'erreurs matérielles.

ART. 56.

Toutes les dépenses d'un exercice doivent être liquidées dans les sept mois qui suivent l'expiration de l'année de cet exercice. Clôture des liquidations.

(Article 116 du décret du 31 mai 1862.)

TITRE IV.

DE L'ORDONNANCEMENT DES DÉPENSES.

ART. 57.

Aucune dépense faite pour le compte du ministère des affaires étrangères ne peut être acquittée, si elle n'a été préalablement ordonnancée directement par le ministre. Ordonnancement préalable des dépenses.

ART. 58.

Les actes par lesquels le ministre dispose des crédits qui lui sont ouverts reçoivent le titre d'*Ordonnances ministérielles (modèle n° 1)*. Ordonnances ministérielles.

Ces ordonnances doivent toujours être signées par le ministre des affaires étrangères ou, en cas d'empêchement, par le ministre qui le supplée.

ART. 59.

Toute ordonnance ministérielle doit, pour être admise par le ministère des finances, porter sur un crédit régulièrement ouvert et se renfermer dans les limites des distributions mensuelles de fonds. Conditions d'admission par le Trésor des ordonnances ministérielles.

(Article 83 du décret du 31 mai 1862.)

ART. 60.

Toute ordonnance énonce l'exercice et le crédit, ainsi que la section et le chapitre du budget auxquels la dépense s'applique. Règles et formalités pour l'expédition des ordonnances.

(Article 11 du décret du 31 mai 1862.)

Les ordonnances de payement sont délivrées distinctement par chapitres, et, s'il y a lieu, par articles.

Chaque ordonnance porte la date du jour de sa signature par le ministre.

ART. 61.

Des lettres d'avis de l'expédition des ordonnances, contenant extrait de ces ordonnances et en tenant lieu, sont délivrées aux titulaires de créances pour les accréditer auprès du Trésor public (*modèle n° 2*). Lettres d'avis de l'expédition des ordonnances.

Les énonciations d'exercice et de chapitre exigées pour les ordonnances, par l'article 60 ci-dessus, sont reproduites dans les lettres d'avis.

ART. 62.

Remise des lettres d'avis ou extraits des ordonnances de payement.

Le ministre ordonnateur demeure chargé, sous sa responsabilité, de la remise aux ayants droit des lettres d'avis ou extraits des ordonnances de payement.

(*Article 86 du décret du 31 mai 1862.*)

Les lettres d'avis sont délivrées aux titulaires sur la justification de leur individualité, ou à leurs représentants, sur la production de titres ou pouvoirs réguliers.

La délivrance en est constatée au bureau de l'ordonnancement des dépenses du ministère, sur un registre émargé par les titulaires de créances ou par leurs représentants, ou au moyen de reçus y annexés.

ART. 63.

Désignation des titulaires de créances.

Les ordonnances de payement doivent désigner le titulaire de la créance par son nom, et, au besoin, par ses prénoms, si sa qualité, qui doit aussi être énoncée, ne suffit pas pour faire reconnaître l'individualité.

ART. 64.

Bordereau nominatif des créanciers.

Les ordonnances de payement sont individuelles ou collectives. Quand le nombre des créanciers, au profit desquels doit être délivrée une ordonnance collective, ne permet pas que le nom de chacun d'eux soit indiqué dans le corps même de l'ordonnance, il y est suppléé au moyen d'un bordereau nominatif dûment arrêté par le ministre.

Ce bordereau porte la même date que l'ordonnance collective à laquelle il se rapporte et reproduit son numéro d'ordre.

ART. 65.

Perte d'un extrait d'ordonnance.

En cas de perte d'un extrait d'ordonnance de payement, il en est délivré un duplicata sur la déclaration motivée de la partie intéressée, et d'après l'attestation écrite du comptable chargé du payement, portant que l'extrait d'ordonnance n'a pas été acquitté par lui.

La déclaration de la partie prenante et l'attestation du payeur sont jointes, en original, au duplicata délivré par l'ordonnateur qui garde des copies certifiées de ces pièces.

ART. 66.

Justification des ordonnances.

Toute ordonnance de payement doit, pour être payée à l'une des caisses du Trésor public, être appuyée de pièces qui constatent que son effet est d'acquitter, en tout ou en partie, une dette de l'État régulièrement justifiée.

(*Article 87 du décret du 31 mai 1862.*)

ART. 67.

Les pièces justificatives des dépenses sont déterminées par nature de service dans la nomenclature annexée au présent règlement.

(*Article 88 du décret du 31 mai 1862.*)

Pièces justificatives des dépenses.

ART. 68.

Toute ordonnance de payement doit indiquer le nombre et la nature des pièces justificatives qui s'y trouvent jointes.

Mention des pièces justificatives.

ART. 69.

Lorsque plusieurs pièces justificatives de dépenses sont produites à l'appui d'une ordonnance, elles doivent être accompagnées d'un bordereau énumératif, à moins que ces pièces ne soient énumérées dans l'ordonnance même.

Bordereau énumératif des pièces justificatives.

ART. 70.

Les pièces justificatives des dépenses sont jointes aux ordonnances mêmes; elles sont retenues par l'agent du payement qui doit procéder immédiatement à leur vérification, et en suivre, lorsqu'il y a lieu, la régularisation près de l'ordonnateur.

(*Article 85 du décret du 31 mai 1862.*)

Direction à donner aux pièces justificatives.

ART. 71.

Sont conservées au ministère des affaires étrangères, les pièces justificatives des créances qui, par l'effet d'une cause quelconque, n'ont pu être l'objet d'une ordonnance de payement, dans le délai fixé par l'article 88 ci-après.

Ces pièces ne sont produites aux comptables du Trésor public qu'avec les ordonnances délivrées ultérieurement, au titre des exercices clos.

Pièces justificatives de créances non ordonnancées en fin d'exercice.

ART. 72.

Les ordonnances ont pour objet des payements pour *dépense intégrale*, des payements *d'avance*, *d'à-compte* et *pour solde*. Chaque nature d'ordonnance est assujettie, selon l'objet du payement, à des justifications particulières.

Spécialité des justifications selon la nature des payements.

ART. 73.

Les ordonnances délivrées pour le *payement intégral* d'un service fait, doivent toujours être accompagnées de toutes les pièces justificatives qui établissent le droit du créancier de l'État. La même justification doit appuyer les ordonnances ayant pour objet *un payement pour solde*.

Ordonnances pour payement intégral ou pour solde.

ART. 74.

Les ordonnances délivrées pour un service *à faire* donnent lieu au payement *d'avance*.

Ordonnances pour payements d'avance.

Des avances peuvent être faites pour traitement aux agents du service extérieur nommés à un nouveau poste (ces agents reçoivent une somme équivalente à trois mois de leur traitement. Cette avance peut être portée au double pour les agents envoyés hors d'Europe), pour frais de voyages et de courriers, pour frais de mission et pour services régis par économie, dans la limite fixée par l'article 75 ci-après aux agents intermédiaires des services de cette nature, qui sont désignés en l'article 93. Dans ce dernier cas, la justification de l'emploi des fonds s'opère conformément à l'article 76; elle est déterminée pour les autres avances, par la nomenclature annexée au présent règlement.

ART. 75.

Ordonnances pour payements d'à-compte.

Les ordonnances délivrées pour un service en *cours d'exécution* donnent lieu aux payements *d'à-compte*.

Aucun marché, aucune convention pour travaux et fournitures, ne doit stipuler d'à-compte que pour un service fait.

Les à-compte ne doivent pas excéder les cinq sixièmes des droits constatés par pièces régulières présentant le décompte du service fait, à moins que des règlements spéciaux n'aient exceptionnellement déterminé une autre limite.

(Article 13 du décret du 31 mai 1862.)

ART. 76.

Mode de justification des divers à-compte et du payement pour solde.

Lorsqu'une dépense donne lieu à la délivrance de plusieurs ordonnances d'à-compte, il faut distinguer, pour les justifications à produire, si les dépenses résultent ou non de marchés. A l'appui de la première ordonnance d'à-compte, on produit, avec le décompte de liquidation du service fait, savoir : pour les dépenses provenant de marchés, des extraits certifiés des conventions et le certificat de réalisation du cautionnement; pour les autres natures de dépenses, les pièces qui ont créé ou autorisé le service, telles que baux, contrats, jugements, décisions ministérielles ou administratives. A l'égard des à-compte subséquents, il suffit, dans l'un et l'autre cas, d'annexer aux ordonnances le nouveau décompte du service fait, de rappeler les justifications déjà fournies, ainsi que le montant détaillé des à-compte payés, et de faire mention des dates et numéros des ordonnances antérieures.

Quant au payement *pour solde*, il doit être, en cas de marché, appuyé du procès-verbal de réception définitive des travaux et du décompte général de l'entreprise, et accompagné de la remise des expéditions de toutes les pièces du marché demeurées entre les mains de l'entrepreneur.

ART. 77.

Rappel des retenues de garantie dans les décomptes.

Jusqu'à l'époque fixée par les marchés pour qu'il soit dressé procès-verbal de réception définitive des travaux, les décomptes de liquidation établis pour constater le droit de l'entrepreneur du service au payement des à-compte qui lui sont accordés, doivent rappeler la retenue exercée sur le prix des travaux, en garantie de leur qualité et de leur bonne exécution.

ART. 78.

Solde d'un service exécuté en plusieurs années.

Quand l'exécution d'un même travail ou d'une même fourniture a eu lieu en plusieurs années, le liquidateur du solde de la dépense exige, pour la justification des droits du créancier, indépendamment du procès-verbal de réception définitive, une copie du décompte général et détaillé de l'entreprise, certifiée par l'agent administratif qui l'a dirigée et surveillée.

ART. 79.

Solde à payer après la clôture de l'exercice.

Si, à défaut de crédit ou pour tout autre empêchement, une dépense ne peut être complétement soldée sur un exercice et doit par conséquent figurer parmi les restes à payer, toutes les pièces justificatives de cette dépense ne doivent pas moins être adressées, avant la clôture de l'exercice, au comptable qui a payé des à-compte, pour qu'il les rattache au dernier payement.

Si les pièces se trouvaient jointes à une ordonnance qui est ensuite annulée, elles sont retenues par le comptable, pour être pareillement rattachées au dernier payement d'à-compte.

Dans l'un et l'autre cas, il est fait mention de la direction donnée à ces pièces sur l'ordonnance de solde à délivrer ultérieurement au titre des exercices clos.

ART 80.

Excédant des à-compte sur la dépense définitive.

Dans le cas où, par suite d'erreur ou de circonstances imprévues, les à-compte excèdent le montant d'une créance définitivement liquidée, les pièces justificatives de la dépense doivent être, sur la demande de l'ordonnateur des à-compte et par les soins des comptables du Trésor, rattachées à la dernière ordonnance, dont le numéro et la date sont indiqués sur le bordereau renfermant lesdites pièces.

Quant aux sommes perçues en trop, le reversement en est effectué ou poursuivi conformément aux articles 99 et 100 du présent règlement. Il en est justifié d'après le mode indiqué au premier de ces deux articles.

ART. 81.

Décompte de liquidation des entreprises abandonnées ou continuées en régie.

Lorsqu'une entreprise est résiliée, abandonnée ou continuée en régie, et qu'il n'y a pas lieu de payer un solde à l'entrepreneur, l'ordonnateur doit remettre au comptable, aussitôt après le règlement définitif des travaux, un décompte établissant la liquidation de l'entreprise.

ART. 82.

Mode d'ordonnancement des dépenses du personnel.

Les ordonnances de payement, délivrées pour les dépenses du personnel comprennent le montant *brut* des traitements, remises, salaires et autres émoluments payables aux fonctionnaires, agents, employés ou gens de service du ministère des affaires étrangères. Les diverses retenues dévolues au Trésor public sur ces allocations y sont présentées distinctement, comme dans les décomptes de liquidation (*article 45*), et elles entrent dans le montant de la dépense ordonnancée.

ART. 83.

Déclaration à faire par les titulaires de chaque emploi.

Tout fonctionnaire ou employé qui jouit de plusieurs traitements à la charge de différents services, est tenu d'en faire la déclaration aux ordonnateurs respectifs.

Les ordonnances expédiées au nom d'un titulaire de plusieurs emplois sont libellées de manière à donner au payeur et à la cour des comptes les moyens d'apprécier, sous tous les rapports, la position de la partie prenante, en ce qui concerne les dispositions des lois et règlements sur le cumul.

ART. 84.

Remboursements de cessions et avances faites par d'autres ministères.

Le ministre des affaires étrangères ordonnance au profit du Trésor, sur les crédits de son budget, le prix de cession ou de loyer de tous les objets qui sont mis à sa disposition pour les services de son département par les autres ministères. Toutefois, à l'égard des objets dont le prix d'achat a été payé sur les crédits d'un exercice encore ouvert, les ordonnances du ministre des affaires étrangères sont délivrées au profit du ministère qui a fait la cession.

Le remboursement des avances que les autres ministères font au département des affaires étrangères est également l'objet d'ordonnances délivrées à leur profit par le ministre de ce département. Lorsque le rétablissement des avances remboursées ne peut plus avoir lieu au profit du ministère créancier, les ordonnances de remboursement du ministre des affaires étrangères sont délivrées au profit du Trésor, et il est fait recette de leur montant aux produits divers de l'exercice courant.

(*Article 49 et 50 du décret du 31 mai 1862.*)

ART. 85.

Remise des ordonnances à la direction du mouvement général des fonds.

Les ordonnances, revêtues de la signature du ministre, sont adressées, au fur et à mesure des distributions, à la direction du mouvement général des fonds, au ministère des finances, chargée de vérifier si elles ne dépassent pas les crédits régulièrement ouverts et de prendre les mesures nécessaires pour en assurer le payement.

ART. 86.

Annulation d'ordonnances ministérielles.

Lorsque, pour quelque cause que ce soit, il y a lieu, dans le cours d'un exercice, d'annuler, en tout ou en partie, une ordonnance de payement, des bordereaux d'annulation sont dressés, à cet effet, dans la forme du modèle n° 3. Aucune ordonnance ou portion d'ordonnance ne doit être considérée comme définitivement annulée qu'autant que l'annulation a fait l'objet de bordereaux de cette nature.

ART. 87.

Notification des annulations d'ordonnances.

Les bordereaux d'annulation mentionnés en l'article précédent sont adressés au ministère des finances (direction générale de la comptabilité publique), qui informe les payeurs des annulations portant sur les ordonnances payables à leurs caisses; et si l'ordonnance de payement annulée avait pour objet une dépense intégrale, les pièces relatives à cette dépense sont immédiatement renvoyées par le payeur à la direction du mouvement général des fonds, qui les remet à l'ordonnateur.

ART. 88.

Clôture de l'ordonnancement des dépenses.

Toutes les dépenses d'un exercice doivent être ordonnancées dans les sept mois qui suivent l'expiration de l'année de cet exercice.

(*Article 116 du décret du 31 mai 1862.*)

TITRE V.

DU PAYEMENT DES DÉPENSES.

ART. 89.

Conditions de réalisation des payements.

Aucun payement ne peut être effectué qu'au véritable créancier justifiant de ses droits, ou à son représentant, et pour l'acquittement d'un service fait, sauf les cas exceptionnels spécifiés en l'article 74 ci-dessus.

(*Article 10 du décret du 31 mai 1862.*)

Toute ordonnance de payement qui n'excède pas la limite du crédit sur lequel elle doit être imputée, est payable par les agents du Trésor public, dans les délais et dans les lieux déterminés par l'ordonnateur.

(*Article 90 du décret du 31 mai 1862.*)

ART. 90.

Agents du service des payements.

Le payement des ordonnances délivrées par le ministre des affaires étrangères, est effectué par le caissier payeur central du Trésor public, à Paris, et, s'il y a lieu, dans les départements par les trésoriers payeurs généraux.

(*Article 352 du décret du 31 mai 1862.*)

ART. 91.

Agent spécial des virements de comptes.

Les remboursements de cessions et d'avances ordonnancées par le ministre des affaires étrangères au profit de divers ministères, sont constatés par l'agent spécial des virements de comptes, dans les écritures centrales de la direction générale de la comptabilité publique.

Il en est de même des réimputations pour changement de chapitre ou d'exercice portant sur les payements d'une gestion dont le compte a été établi, ainsi que des annulations de payements qui ont lieu au crédit du budget des affaires étrangères, par suite de reversements de fonds dans les caisses du Trésor ou de remboursements d'avances par les autres ministères.

(*Article 366 du décret du 31 mai 1862.*)

ART. 92.

Délai pour le payement des ordonnances.

Les extraits des ordonnances de payement déterminent le délai avant l'expiration duquel les titulaires ne peuvent se présenter à la caisse du comptable.

(*Article 90 du décret du 31 mai 1862.*)

Ce délai est fixé à dix jours, à partir de la date des ordonnances.

ART. 93.

Avances aux agents spéciaux des services régis par économie.

Pour faciliter l'exploitation des services administratifs régis par économie, il peut être fait aux agents spéciaux de ces services sur les ordonnances du ministre, des avances dont le total ne doit pas excéder 20,000 francs, à charge par eux de produire, dans *le délai d'un mois*, au comptable qui a fait les avances, les quittances des créanciers réels et autres pièces justificatives.

Aucune nouvelle avance ne peut, dans cette limite de 20,000 francs, être faite par un comptable, pour un service régi par économie, qu'autant que toutes les pièces justificatives de l'avance précédente lui auraient été fournies, ou que la portion de cette avance dont il resterait à justifier aurait moins d'un mois de date.

Toutefois, pour les services qui s'exécutent à l'étranger, le chiffre des avances et le délai dans lequel leur justification doit être fournie au comptable, peuvent excéder la limite réglementaire, en vertu de dispositions ministérielles spéciales concertées entre le département des affaires étrangères et celui des finances.

(*Article 94 du décret du 31 mai 1862.*)

ART. 94.

Désignation des services régis par économie.

Les services financiers régis par voie d'économie, et pour lesquels il peut être fait des avances à des agents spéciaux et intermédiaires, aux termes de l'article 93 du présent règlement, sont les suivants :

A Paris, les menues dépenses du service intérieur du ministère des affaires étrangères;

A l'étranger, les frais d'entretien, de restauration ou de reconstruction des immeubles appartenant à la France.

ART. 95.

Reversement au Trésor des avances dont l'emploi n'est pas justifié dans les délais réglementaires.

Toute avance ou portion d'avance, pour un service régi par économie, dont l'emploi ne serait pas justifié à l'expiration du délai fixé par l'article 93 ci-dessus, doit être reversée immédiatement dans une caisse publique, suivant les formes déterminées par l'article 99 ci-après. Ce recouvrement donne lieu à un rétablissement de pareille somme au crédit du budget, conformément à l'article 20 (titre Ier).

ART. 96.

Timbre des pièes justificatives des dépenses.

Toutes les fois que le timbre est exigible, d'après les lois et règlements, pour les justifications relatives au payement des dépenses de l'État, il est à la charge des créanciers.

(*Loi du 13 brumaire an* VII, *art. 29.*)

La nomenclature des pièces à produire aux comptables du Trésor spécifie celles de ces pièces qui doivent être revêtues de la formalité du timbre.

ART. 97.

Il ne peut être fait aucun payement aux entrepreneurs ou fournisseurs assujettis à un cautionnement matériel, avant qu'ils aient justifié de la réalisation de ce cautionnement.

Réalisation préalable des cautionnements.

ART. 98.

Le comptable ne peut suspendre un payement assigné sur leur caisse que s'ils reconnaissent qu'il y a omission ou irrégularité matérielle dans les pièces produites, ou dans les cas spécifiés au dernier paragraphe du présent article.

Refus de payement par un comptable.

Il y a irrégularité matérielle toutes les fois que les indications de noms, de service ou de sommes portées dans l'ordonnance ne sont pas d'accord avec celles résultant des pièces justificatives y annexées, ou lorsque ces pièces ne sont pas conformes aux prescriptions des règlements.

En cas de refus de payement, le comptable est tenu de remettre immédiatement la déclaration écrite et motivée de son refus au porteur de l'ordonnance, et il en adresse copie le jour même au Ministre des finances (direction générale de la comptabilité publique). Si, malgré cette déclaration, le ministre requiert, par écrit et sous sa responsabilité, qu'il soit passé outre au payement, le comptable y procède sans autre délai, et il annexe à l'ordonnance, avec une copie de sa déclaration, l'original de l'acte de réquisition qu'il a reçu.

S'il se produisait des réquisitions qui eussent pour effet, soit de faire acquitter une dépense sans qu'il y eût disponibilité de crédit chez le comptable ou justification du service fait, soit de faire effectuer un payement suspendu pour des motifs touchant à la validité de la quittance, le comptable, avant d'y obtempérer, devrait en référer au Ministre des finances qui se concerterait immédiatement avec le ministre ordonnateur de la dépense.

(*Article 91 du décret du 31 mai 1862.*)

ART. 99.

Les reversements de fonds provenant, soit de restitution pour cause de trop payé à des créanciers de l'État, soit de remboursement d'avances concernant des services régis par économie, doivent être effectués en vertu d'un ordre du ministre.

Reversement de trop payé sur ordonnance.

Ces reversements ont lieu à la caisse centrale du Trésor public. Le débiteur est tenu de rapporter pour sa décharge un récépissé à talon de la somme par lui versée, lequel doit être immédiatement transmis au ministère des finances. La lettre d'envoi fait connaître si la somme versée doit donner lieu à l'annulation de tout ou partie d'une ordonnance de payement.

ART. 100.

En cas de refus de reversement de la part des débiteurs, il est statué par le ministre, et l'arrêté qui constate le débet est adressé au ministère des finances pour l'enregistrement du débet et la transmission de l'arrêté au directeur du

Refus de reversement; constatation et poursuite du débet.

contentieux de ce département, qui fait poursuivre le recouvrement par l'agent judiciaire du Trésor.

ART. 101.

Avance non justifiée à la clôture d'un exercice.

Toute avance qui resterait à justifier lors de la clôture d'un exercice, constitue une créance de l'État, dont le recouvrement est susceptible d'être poursuivi par l'agent judiciaire du Trésor conformément à l'article précédent.

ART. 102.

Changement d'imputation de payement.

Les imputations de payement reconnues erronées pendant le cours d'une gestion, peuvent être rectifiées dans le compte même du comptable qui a effectué le payement, au moyen d'un état (*modèle n° 5*) de l'ordonnateur indiquant les motifs de la réimputation.

Après que les comptes du comptable sont établis, ces changements d'imputation ne peuvent plus être opérés que par voie administrative, à titre de virement de comptes.

(*Article 48 du décret du 31 mai 1862.*)

Dans l'un et l'autre cas, l'état de changement d'imputation de l'ordonnance est adressé à la direction du mouvement général des fonds au ministère des finances, qui rectifie, s'il y a lieu, la situation des crédits

ART. 103.

Bordereau d'annulation d'ordonnance de payement.

En cas d'annulation de payement par suite de reversement dans les caisses du Trésor ou de remboursement d'avances, dont le montant est à rétablir au crédit du budget, conformément aux articles 20 et 21 du présent règlement, un bordereau d'annulation d'ordonnance dans la forme du modèle n° 3, est adressé au ministère des finances (direction du mouvement général des fonds), pour la rectification du crédit.

ART. 104.

Saisies-arrêts, oppositions et significations.

Toutes saisies-arrêts ou oppositions sur des sommes dues par l'État, toutes significations de cession ou de transport desdites sommes et toutes autres ayant pour objet d'en arrêter le payement, doivent être faites entre les mains du conservateur des oppositions au ministère des finances.

Lesdites saisies-arrêts, oppositions ou significations, n'ont d'effet que pendant cinq années à compter de leur date, si elles n'ont pas été renouvelées dans ce délai, quels que soient d'ailleurs les actes, traités ou jugements intervenus à leur égard. En conséquence, elles sont rayées d'office des registres dans lesquels elles auraient été inscrites.

(*Articles 148 et 149 du décret du 31 mai 1862.*)

ART. 105.

Clôture du payement des ordonnances.

La clôture des payements est fixée au 31 août de la seconde année de l'exercice.

ART. 106.

Annulation des ordonnances non payées

Les ordonnances non acquittées, faute de réclamation de la part des titulaires, au 31 août de la seconde année de l'exercice sont annulées, sans préjudice des droits des créanciers et sauf réordonnancement jusqu'au terme de déchéance.

(*Article 118 du décret du 31 mai 1862.*)

ART. 107.

Bordereaux des restes à payer et renvoi des pièces de dépenses.

Lors de la clôture de l'exercice, le caissier payeur central du Trésor adresse au ministère des affaires étrangères des bordereaux détaillés des restes à payer, en y indiquant la nature des créances, les noms des créanciers et la somme due à chacun d'eux.

(*Article 298 du décret du 31 mai 1862.*)

Le caissier payeur central joint à ces bordereaux les pièces justificatives des dépenses non acquittées, à moins qu'il n'ait lieu de les retenir pour les rattacher à des à-compte déjà payés, conformément à l'article 80 ci-dessus.

TITRE VI.

DES DÉPENSES DES EXERCICES CLOS ET DES EXERCICES PÉRIMÉS.

ART. 108.

Mode de payement des dépenses après la clôture d'un exercice.

Toute créance qui n'a pas été acquittée sur les crédits de l'exercice auquel elle se rapporte, ne peut plus être payée qu'à titre de rappel sur exercice clos, d'après les règles spéciales déterminées par le présent titre et dans les délais fixés par l'article 116 ci-après.

Les payements à effectuer pour solder les dépenses d'un exercice clos sont ordonnancés chaque année sur les fonds de l'exercice courant.

(*Article 123 du décret du 31 mai 1862.*)

Les ordonnances sont imputées sur un chapitre spécial ouvert sans allocation de fonds, pour mémoire et pour ordre, au budget des dépenses (IIIe section), sous le titre de *Dépenses des exercices clos.*

(*Article 124 du décret du 31 mai 1862.*)

ART. 109.

Créances comprises dans les restes à payer de l'exercice clos.

Les ordonnances délivrées sur l'exercice courant pour rappels de dépenses d'exercices clos, doivent être renfermées dans la limite des crédits par chapitres qui sont à annuler par la loi de règlement pour les dépenses restées à payer à la clôture de l'exercice.

Les dépenses que le compte définitif d'un exercice présente comme restant à payer à l'époque de sa clôture et qui ont été autorisées par des crédits régulièrement ouverts, peuvent être ordonnancées sur les fonds des budgets courants, avant que la loi de règlement de cet exercice ait été votée.

(*Articles 124 et 125 du décret du 31 mai 1862.*)

ART. 110.

Créances constatées après la clôture de l'exercice.

Dans le cas où des créances dûment constatées sur un exercice clos n'auraient pas fait partie des restes à payer arrêtés par le règlement ou compte définitif de cet exercice, il ne peut y être pourvu qu'au moyen de crédits supplémentaires et selon les formes suivantes :

Si les dépenses se rattachent à des chapitres dont les crédits sont annulés pour une somme égale ou supérieure à leur montant, les crédits supplémentaires peuvent être ouverts par des décrets.

S'il s'agit de dépenses excédant les crédits affectés à chaque chapitre, le ministre attend, pour les ordonnancer, que les suppléments nécessaires aient été accordés par la loi.

(*Article 126 du décret du 31 mai 1862.*)

ART. 111.

Formation des états nominatifs des créances d'exercices clos.

Au 31 août de chaque année, le ministre des affaires étrangères fait dresser l'état nominatif ou individuel des sommes dues à des titulaires de créances dont les droits se rapportent à l'exercice expiré, soit qu'il s'agisse de créances non liquidées qui, à la même époque, n'avaient pas été l'objet d'ordonnances de payement, soit de créances liquidées et ordonnancées pour lesquelles les ordonnances délivrées n'avaient pas été payées à l'époque susindiquée. De semblables états sont formés pour les nouvelles créances qui seraient successivement ajoutées aux restes à payer en vertu de crédits spéciaux.

Ces états, établis en double expédition, sont adressés au ministre des finances (direction générale de la comptabilité publique) pour lui servir à reconnaître que les créances ordonnancées, dans l'un et l'autre cas, s'appliquent à des crédits restés ou mis à la disposition du ministre des affaires étrangères.

(*Article 129 du décret du 31 mai 1862.*)

En cas d'erreur dans un état nominatif concernant la désignation, soit des noms et qualités des créanciers, soit des sommes revenant à chacun d'eux, un avis rectificatif, délivré également en double expédition, pour être joint à l'état nominatif erroné, fait connaître la nature des substitutions ou des changements dont les premières indications ont été reconnues susceptibles.

ART. 112.

Ordonnancement individuel.

Les rappels de dépenses des exercices clos imputables sur les budgets courants sont ordonnancés nominativement.

(*Article 130 du décret du 31 mai 1862.*)

ART. 113.

Allocation du chapitre spécial. Dépenses des exercices clos.

Lors du règlement de l'exercice qui a reçu l'imputation des dépenses d'exercices clos, une somme égale au montant des payements effectués pendant l'année est inscrite d'office au crédit du chapitre spécial *des dépenses des exercices clos* et comprise parmi les crédits législatifs.

(*Article 124 du décret du 31 mai 1862.*)

ART. 114.

Formalités des ordonnances.

Les ordonnances de payement relatives à des dépenses d'exercices clos, doivent relater le numéro d'ordre donné à chaque créance sur les états nominatifs des restes à payer à la clôture de l'exercice ou sur les états supplémentaires.

Toute ordonnance de payement doit, en outre, indiquer l'exercice ou l'année à laquelle se rapporte la créance à payer; si elle comprend des créances de plusieurs années, les sommes afférentes à chacune d'elles y sont détaillées et totalisées.

ART. 115.

Terme des payements.

Les ordonnances pour dépenses d'exercices clos ne sont valables que jusqu'à la fin de l'année pendant laquelle elles ont été émises. A défaut de payement, l'annulation en a lieu d'office, à cette époque, par les agents du Trésor, et le réordonnancement des dépenses n'est effectué que sur une nouvelle réclamation des créanciers.

(*Article 130 du décret du 31 mai 1862.*)

ART. 116.

Prescription quinquennale; déchéance et annulation des restes à payer.

Sont prescrites et définitivement éteintes au profit de l'État, sans préjudice des déchéances prononcées par les lois ou consenties par les marchés ou conventions, toutes créances qui, n'ayant pas été acquittées avant la clôture des crédits de l'exercice auquel elles appartiennent, n'auraient pu, à défaut de justifications suffisantes, être liquidées, ordonnancées et payées, dans un délai de cinq ans à partir de l'ouverture de l'exercice, pour les créanciers domiciliés en Europe, et de six années pour les créanciers résidant hors du territoire européen.

Cette disposition n'est pas applicable aux créances dont l'ordonnancement et le payement n'ont pu être effectués dans les délais déterminés par le fait de l'administration ou par suite de pourvois formés devant le Conseil d'État.

(*Articles 136 et 137 du décret du 31 mai 1862.*)

A l'expiration de la période quinquennale, fixée par l'article 9 de la loi du 29 janvier 1831, pour l'entier apurement des exercices clos, les crédits applicables aux créances restant encore à solder demeurent définitivement annulés, et l'exercice, arrivé au terme de déchéance, cesse de figurer dans la comptabilité du ministère.

(*Article 134 du décret du 31 mai 1862.*)

ART. 117.

Dépenses des exercices périmés. Crédits spéciaux; états nominatifs.

Les dépenses d'exercices clos à solder postérieurement aux délais ci-dessus et provenant, soit de créances d'individus résidant hors du territoire européen, pour lesquelles une année de plus est accordée par l'article 9 de la loi du 29 janvier 1831, soit de créances affranchies de la déchéance, dans les cas prévus par l'article 10 de la même loi, ou qui sont soumises à des prescription spéciales, ne sont ordonnancées qu'après que des crédits extraordinaires, spéciaux par articles, ont été ouverts à cet effet. Ces créances sont imputées sur un chapitre spécial ouvert au budget et intitulé : *Dépenses des exercices périmés non frappées de déchéance.* Si elles n'ont pas été payées à l'époque de la clôture de l'exercice sur lequel le crédit spécial a été ouvert, ce crédit est annulé et le réordonnancement des mêmes créances ne peut avoir lieu qu'en vertu d'un nouveau crédit également applicable au chapitre des dépenses des exercices périmés.

(*Article 139 du décret du 31 mai 1862.*)

Les crédits extraordinaires spéciaux à demander pour les créances des exercices périmés ne peuvent être ouverts que par la loi.

Il est formé pour les créances des exercices périmés, comme pour celles des exercices clos, des états nominatifs qui sont adressés en double expédition au ministère des finances (direction générale de la comptabilité publique).

L'une de ces expéditions est produite à la Cour des comptes.

(*Article 140 du décret du 31 mai 1862.*)

ART. 118.

Formes de la liquidation des dépenses des exercices clos et périmés.

Toutes les dépenses des exercices clos et des exercices périmés sont soumises aux mêmes formalités de liquidation et de révision, que celles des exercices courants, et les liquidations sont établies distinctement par exercice; de plus, les rapports relatifs aux créances des exercices périmés doivent toujours faire connaître les causes qui ont empêché d'opérer la liquidation avant l'époque de déchéance.

TITRE VII.

DES ÉCRITURES DE L'ADMINISTRATION CENTRALE.

ART. 119.

Mode d'écritures de la comptabilité.

Les écritures de la comptabilité du ministère des affaires étrangères sont tenues en partie double.

Elles embrassent tout ce qui concerne : la fixation et la répartition des crédits; les distributions mensuelles de fonds; la liquidation, l'ordonnancement et le payement des dépenses.

(*Article 296 du décret du 31 mai 1862.*)

ART. 120.

Journal général; livres et balances.

Il est tenu à la direction de la comptabilité, un journal général, un grand livre et des livres auxiliaires.

Le grand livre ne présente que des comptes généraux et des résultats sommaires; les développements sont consignés sur les livres auxiliaires dont le nombre et la forme sont déterminés suivant la nature des services.

Une balance générale des comptes du grand livre, développée par chapitres du budget, d'après les livres auxiliaires, est établie à la fin de chaque mois, et adressée au ministère des finances (direction générale de la comptabilité publique), qui en rattache les résultats à ses propres écritures.

(*Article 296 du décret du 31 mai 1862.*)

ART. 121.

Chacun des articles décrits au journal est successivement reporté sur un grand livre de comptes ouverts par ordre de matières et suivant les divisions du budget. Livre des comptes par nature de dépenses.

(*Article 300 du décret du 31 mai 1862.*)

ART. 122.

Toute ordonnance non payée sur un exercice, au 31 août de la seconde année, cessant d'être valable, le montant en est, à cette époque, annulé dans les écritures de la comptabilité des dépenses du ministère. Annulation, dans les écritures des ordonnances non payées.

ART 123.

Les écritures sont définitivement closes au 30 novembre de la seconde année de l'exercice, époque fixée pour l'apurement des dépenses et pour l'établissement du compte. Clôture des écritures.

TITRE VIII.

DES COMPTES.

ART. 124.

Chaque année, le ministre des affaires étrangères publie, pour les dépenses de son département : Comptes annuels d'exercices.

1° Le compte définitif de l'exercice expiré;

2° La situation provisoire de l'exercice courant.

(*Article 152 du décret du 31 mai 1862.*)

ART. 125.

Le compte définitif des dépenses du ministère des affaires étrangères est établi, pour chaque exercice, à l'époque où les écritures sont closes. Compte définitif de l'exercice expiré.

Il comprend l'ensemble des opérations qui ont eu lieu, pour chaque service, depuis l'ouverture jusqu'à la clôture de l'exercice.

Il présente les mêmes divisions et les mêmes développements que le budget, sauf les dépenses extraordinaires, dont il est formé des chapitres séparés, et qui sont, s'il y a lieu, rattachées aux dépenses analogues prévues au budget.

(*Articles 59, 153 et 155 du décret du 31 mai 1862.*)

ART. 126.

Le compte définitif de chaque exercice fait connaître : Formation du compte définitif et documents à l'appui.

Les crédits ouverts;

Les dépenses constatées ou droits acquis aux créanciers de l'État;

Les payements effectués;

Et les dépenses restant à payer.

(*Article 114 du décret du 31 mai 1862.*)

Il se compose :

1° D'un état indicatif de l'origine des crédits législatifs, qui récapitule les modifications successivement apportées aux prévisions du budget et détermine les fixations définitives devenues les bases du compte de l'exercice.

(*Article 115 du décret du 31 mai 1862.*)

2° D'un tableau présentant, par sections et par chapitres, tous les résultats de la situation définitive de l'exercice expiré, qui servent de base à la loi proposée pour le règlement du budget de cet exercice;

3° De développements, par subdivisions de chapitres destinés à expliquer avec tous les détails propres à chaque nature de service, les dépenses constatées, les payements effectués et les créances restant à solder à l'époque de la clôture de l'exercice;

4° D'un tableau comparatif, par chapitres, des dépenses de l'exercice expiré avec celles de l'exercice précédent, expliquant les causes des différences qui ressortent de cette comparaison.

(*Article 160 du décret du 31 mai 1862.*)

5° Enfin, du compte général, en recettes et en dépenses, du service des chancelleries consulaires.

(*Article 753 du décret du 31 mai 1862.*)

ART. 127.

Publication du compte définitif.

Le compte définitif du département des affaires étrangères est joint à la proposition de loi qui a pour objet le règlement du budget général de l'État.

(*Articles 107 et 154 du décret du 31 mai 1862.*)

Il est publié dans les deux premiers mois de l'année qui suit celle de la clôture de l'exercice.

(*Article 108 du décret du 31 mai 1862.*)

Il forme, avec tous les documents à l'appui, une publication spéciale.

(*Article 160 du décret du 31 mai 1862.*)

ART. 128.

Situation provisoire de l'exercice courant et documents à l'appui.

La situation provisoire des dépenses de l'exercice courant est arrêtée au 31 décembre de la première année de cet exercice.

Elle est accompagnée :

1° Du compte d'apurement prescrit par la loi du 23 mars 1834 et par l'article 116 du présent règlement, pour les dépenses des exercices clos législativement arrêtés.

(*Article 160 du décret du 31 mai 1862.*)

2° D'un état sommaire des marchés de 50,000 francs et au-dessus, passés dans le courant de l'année échue. Les marchés inférieurs à cette somme, mais qui s'élèveraient ensemble, pour des objets de même nature, à 50,000 francs et au-dessus, sont portés sur ledit état qui indique le nom et le domicile des parties contractantes, la durée, la nature et les principales conditions du contrat.

(*Article 185 du décret du 31 mai 1862.*)

ART. 129.

Justification et vérification des comptes.

Les comptes publiés par le ministre des affaires étrangères sont établis d'après les écritures officielles du département et appuyés sur pièces justificatives; les résultats en sont contrôlés par leur rapprochement avec ceux du grand livre de la Direction générale de la comptabilité publique.

(*Article 191 du décret du 31 mai 1862.*)

Ils sont soumis à l'examen d'une commission administrative, nommée chaque année par décrets de l'Empereur, et composée de neuf membres choisis dans le sein du Sénat, du Corps législatif, du Conseil d'État et de la Cour des comptes.

(*Articles 192 et suivants du décret du 31 mai 1862.*)

TITRE IX.

DISPOSITIONS SPÉCIALES.

ART. 130.

Chancelleries diplomatiques et consulaires.

Le budget spécial des recettes et des dépenses des chancelleries diplomatiques et consulaires est annexé, pour ordre, au budget du ministère des affaires étrangères.

Les recettes se composent du produit des droits fixés par les tarifs sur les actes de chancellerie et des bénéfices sur le change.

Les recettes sont affectées :

1° Aux frais de chancellerie;

2° Aux émoluments des chanceliers;

3° A la formation d'un fonds commun dont le montant est versé en compte courant au Trésor pour être employé, au fur et à mesure des besoins du service, sur des mandats du ministre des affaires étrangères, et dont le reste disponible est appliqué aux produits divers du budget de l'État.

Le fonds commun ne peut servir à accroître, ni directement ni indirectement, le montant des crédits affectés aux dépenses du personnel ou du matériel du ministère des affaires étrangères.

(*Articles 737 à 740 du décret du 31 mai 1862.*)

1° EXÉCUTION DU SERVICE.

Les perceptions sont faites et les dépenses acquittées par le chancelier exclusivement, sous la surveillance et le contrôle du consul. Le chancelier est seul comptable.

Les frais des chancelleries sont réglés annuellement et à l'avance, pour chaque poste, par le ministre des affaires étrangères, sur un rapport adressé au consul et transmis par ce dernier avec ses observations.

Les émoluments accordés aux chanceliers se composent d'une remise fixe et d'une remise proportionnelle.

Lorsque les recettes sont entièrement absorbées par les frais, et lorsque après l'acquittement des frais, le montant de la remise fixe n'a pu être intégralement prélevé par les chanceliers, cette remise leur est faite ou complétée sur le fonds commun.

Les chanceliers sont autorisés à prélever sur les fonds existant dans leur caisse :

1° Les dépenses de la chancellerie;

2° Leurs émoluments;

3° Les dépenses d'une nature imprévue et urgente que les consuls auront autorisées provisoirement sous leur responsabilité et sauf à en rendre compte immédiatement au ministre des affaires étrangères.

Les consuls conservent les excédants restant en caisse à la fin de chaque mois, après les prélèvements autorisés, en observant les formes prescrites pour les dépôts faits en chancellerie. Ils se conforment, quant à la destination à donner aux excédants, aux instructions du ministre des affaires étrangères.

Les agents vice-consuls ou agents consulaires conservent, tant pour leurs frais de bureau que pour leurs honoraires, la totalité des droits perçus, sauf les exceptions déterminées par décrets rendus sur la proposition du ministre des affaires étrangères.

(*Articles 741 à 747 du décret du 31 mai 1862.*)

2° ÉCRITURES, COMPTES ET CONTRÔLE.

Les chanceliers tiennent un registre de recette, coté et parafé par le consul; chaque perception y est inscrite par ordre de date et de numéro.

Les chanceliers inscrivent les dépenses de toute nature, au fur et à mesure qu'elles sont faites, sur un registre spécial, également coté et parafé par le consul.

Ces registres sont arrêtés tous les trois mois, et clos à la fin de chaque année par les consuls.

Au commencement de chaque trimestre, les chanceliers dressent des états présentant la récapitulation des recettes et des dépenses effectuées dans leurs chancelleries et dans les agences dépendantes du consulat, pendant le trimestre précédent. Ces états sont accompagnés des pièces justificatives et certifiés par les consuls, qui les font parvenir au ministre des affaires étrangères.

Les chanceliers sont représentés près la Cour des comptes par un agent spécial désigné par le ministre des affaires étrangères.

Dans les premiers mois de chaque année, cet agent forme, de tous les bordereaux récapitulatifs de l'année précédente, un compte spécial qui est soumis à la Cour des comptes avec les pièces à l'appui.

L'arrêt à rendre sur ce compte général est collectif, mais les injonctions prononcées par la Cour des comptes sont rattachées à la gestion du chancelier qu'elles concernent.

L'agent spécial demeure chargé de satisfaire aux dispositions de l'arrêt et de les notifier à chacun des chanceliers.

Les résultats du compte produit à la Cour des comptes sont publiés comme annexe du compte que le ministre des affaires étrangères doit rendre à chaque session du Corps législatif (1).

(*Articles 748 à 753 du décret du 31 mai 1862.*)

ART. 131.

Bureau des passe-ports. Percepteur de la taxe.

Le recouvrement de la rétribution de chancellerie à percevoir sur les étrangers, pour légalisation d'actes et visa de passe-ports par le ministre des affaires étrangères, est confiée aux soins d'un employé de cette administration, soumis à cautionnement et justiciable de la Cour des comptes.

Versement des produits au Trésor.

Les produits de cette taxe sont versés, à la fin de chaque mois, dans les caisses du Trésor.

Compte annuel adressé à l'administration de l'enregistrement et des domaines.

L'agent des affaires étrangères, pour cette partie de ses attributions, est assimilé aux receveurs de l'enregistrement et des domaines : à ce titre seulement, il relève du ministère des finances, auquel il rend chaque année le compte de sa gestion, pour être ensuite transmis à la Cour des comptes.

ART. 132.

Annexe du budget du ministère des affaires étrangères.

Indépendamment des comptes et documents divers mentionnés au titre VIII ci-dessus (articles 126 et 128) le projet de budget des dépenses du ministère des affaires étrangères est accompagné de l'état détaillé des *logements* accordés, dans les bâtiments du domaine de l'État, à des fonctionnaires ou agents du département des affaires étrangères. Cet état n'est pas nominatif, il indique la fonction ou le titre pour lesquels le logement a été accordé.

(*Article 186 du décret du 31 mai 1862.*)

ART. 133.

Inventaire du mobilier fourni aux fonctionnaires publics.

Le mobilier fourni par l'État à des fonctionnaires publics est l'objet d'inventaires qui sont déposés aux archives du ministère des affaires étrangères et à la Cour des comptes.

Ces inventaires doivent être récolés à la fin de chaque année et à chaque mutation de fonctionnaire par les agents de l'administration des domaines,

---

(1) Ordonnance du 24 septembre 1822;
Ordonnances des 23 et 24 août 1833;
Décret du 20 août 1860;
Décret du 31 mai 1862, portant règlement général sur la comptabilité publique. (Articles 737 à 753.)

afin de constater les accroissements et diminutions survenus depuis l'inventaire ou dans l'intervalle d'un récolement à l'autre.

(*Article 188 du décret du 31 mai 1862.*)

ART. 134.

Service des traites de la marine.

Lorsque, dans des circonstances exceptionnelles, le départ subit de bâtiments de guerre a mis les officiers chargés de tirer les traites sur le Trésor public dans l'impossibilité absolue de liquider la totalité des dépenses faites, les consuls comprennent les reliquats dans leur propre comptabilité, avec les dépenses de rapatriement et les autres payements qu'ils sont appelés à faire pour le département de la marine, et ils en sont remboursés sur le vu des pièces, au moyen d'ordonnances directes délivrées à Paris, à leur profit, et payables entre les mains et sur l'acquit de leurs fondés de pouvoirs.

Toutefois, si le montant des avances que les consuls auraient à faire en vertu de cette disposition dépassait les ressources dont ils peuvent disposer, ils sont autorisés à s'en couvrir au moyen de traites sur le Trésor.

ART. 135.

Abrogation de toutes dispositions contraires.

Toutes dispositions contraires au présent règlement sont et demeurent abrogées.

TABLE ALPHABÉTIQUE

DES MATIÈRES

CONTENUES DANS LE RÈGLEMENT.

A

B

D

E

F

O

P

R

S

T

U

V

NOMENCLATURE

DES

PIÈCES A PRODUIRE AU CAISSIER PAYEUR CENTRAL

DU TRÉSOR PUBLIC,

À L'APPUI

DES ORDONNANCES DÉLIVRÉES POUR LE PAYEMENT DES DÉPENSES

DU MINISTÈRE DES AFFAIRES ÉTRANGÈRES,

ET ANALYSE DU MODE D'ADMINISTRATION,

DE COMPTABILITÉ ET DE PAYEMENT DES DIVERS SERVICES.

NOMENCLATURE.

RÉPERTOIRE.

DISPOSITIONS GÉNÉRALES

CONCERNANT

L'ORDONNANCEMENT, LE PAYEMENT ET LA JUSTIFICATION

DES DÉPENSES.

§ I.

RÈGLES APPLICABLES AUX DÉPENSES DE TOUTE NATURE.

1. L'ordonnance de payement émane directement du Ministre; le titulaire d'une ordonnance est accrédité auprès du comptable du Trésor public, qui doit la payer au moyen d'une lettre d'avis contenant extrait de l'ordonnance et que la partie prenante revêt de son acquit.

Le service du département des affaires étrangères ne comporte pas d'ordonnateurs secondaires.

Toutes les ordonnances émises par ce ministère sont payables à la caisse centrale du Trésor public, à Paris, sauf celles qui sont délivrées au nom des préfets et autres fonctionnaires de l'Empire ayant leur résidence fixe dans les départements; ces dernières ordonnances sont acquittées par les trésoriers-payeurs des finances et portent, à cet effet, une mention indicative de la localité où le payement doit être effectué.

2. Il n'est question dans cette nomenclature que des pièces qui, indépendamment de l'ordonnance, sont nécessaires pour justifier de la légalité et de la réalité de la dépense, ainsi que de la validité du payement à la personne dénommée dans l'ordonnance. En cas de payement à des ayants droit ou représentants du titulaire, c'est au comptable du Trésor qu'il appartient de réclamer la production des pièces constatant les qualités et droits des parties prenantes, ainsi que le dépôt de la procuration dont les mandataires devront être nantis.

3. Lorsqu'il s'agit de services non prévus dans la nomenclature ou de cas spéciaux pour lesquels les règlements et les instructions ont dû laisser aux comptables, sous leur responsabilité, le soin d'exiger les pièces nécessaires, les justifications produites à l'appui des ordonnances doivent toujours constater

la régularité de la dette et celle du payement, aux termes de l'article 88 du décret du 31 mai 1862.

4. Les pièces justificatives produites à l'appui d'une ordonnance doivent être revêtues du visa de l'ordonnateur ou de son délégué; mais, lorsqu'elles sont l'objet d'un bordereau énumératif, conformément à l'article 69 du règlement, ce bordereau seul est visé par l'ordonnateur ou son délégué, et il suffit, quant aux pièces, qu'elles soient arrêtées par le fonctionnaire ou l'agent administratif chef du service que la dépense concerne.

5. Lorsqu'il est ordonnancé des à-compte sur une dépense, il n'est point nécessaire que les premières ordonnances soient accompagnées des pièces justificatives; les justifications sont produites lors du règlement du solde de la dépense. Il est fait exception à cette règle dans les cas prévus à la nomenclature ci-après, en ce qui touche les dépenses du matériel. (*Justifications communes, fournitures, travaux.*)

6. Les titres produits en justification des dépenses doivent toujours indiquer la date précise, soit de l'exécution des services ou des travaux, soit de la livraison des fournitures.

7. La partie prenante, dénommée dans une ordonnance, doit toujours être le créancier réel, c'est-à-dire la personne qui a fait le service, effectué les fournitures ou travaux, et qui a un droit à exercer contre le Trésor public.

8. Les ordonnances délivrées, après le décès d'un créancier de l'État, au profit de ses héritiers, ne désignent pas chacun d'eux, mais portent seulement cette indication générale: *les héritiers.* Les titres justificatifs de la qualité des ayants droit sont présentés directement par eux au comptable du Trésor chargé du payement. (Voir § 2.)

9. Lorsqu'il s'agit de payements collectifs, il peut toujours être suppléé aux quittances individuelles par des états d'émargement dûment certifiés.

En ce cas, la quittance est donnée sur la lettre d'avis par la personne autorisée à recevoir le montant de l'ordonnance.

10. Toute pièce à produire à l'appui d'une ordonnance pour justification des droits du créancier, et dont la désignation est suivie de la lettre (T) dans la nomenclature, est assujettie au droit de timbre établi en raison de la dimension des papiers.

11. Quand plusieurs fournisseurs se réunissent pour présenter un mémoire collectif de leurs diverses fournitures, les acquits dont ils le revêtent ne sauraient constituer autant d'actes distincts : il n'y a qu'un mémoire acquitté par plusieurs parties prenantes et passible d'un seul droit de timbre, suivant la dimension du papier.

12. Lorsque les titres, factures ou mémoires portant quittance sont timbrés, ou que la quittance est fournie séparément sur papier timbré, l'acquit donné *pour ordre* sur les extraits d'ordonnances n'entraîne pas la nécessité du timbre de ces pièces.

13. Une quittance timbrée n'est exigible que si elle est donnée isolément et ne se trouve pas au bas d'un mémoire ou autre titre déjà timbré. Dans ce cas, le droit de timbre n'est pas proportionnel à la dimension de la feuille; il est invariablement de 50 centimes.

14. Si le titulaire de l'ordonnance n'est qu'un intermédiaire administratif entre l'État et ses créanciers, la quittance qu'il donne, en touchant les fonds, est une formalité d'ordre qui ne nécessite pas le timbre; mais il est exigé, lorsqu'il y a lieu, sur les quittances des créanciers réels, que l'intermédiaire est tenu de rapporter et de produire au comptable.

15. N'est point soumis à la formalité du timbre tout bordereau produit par un agent administratif, à l'effet, soit d'obtenir le remboursement de dépenses ou d'avances, soit de justifier de l'emploi des fonds qui avaient été mis à sa disposition pour un service public.

16. Sont également affranchies de la formalité du timbre les pièces justificatives de dépenses faites hors du territoire français.

17. Ne sont pas assujetties à la formalité du timbre les quittances de traitements et émoluments personnels, celles des sommes payées à titre de pensions, secours et actes rémunératoires, et toutes autres quittances pour créances non excédant 10 francs, quand il ne s'agit pas d'un à-compte ou du solde final sur une plus forte somme.

18. Pour les dépenses qui n'excèdent pas 10 francs dans leur totalité, la production des factures et mémoires de travaux ou fournitures n'est pas exigible, quand le détail des fournitures ou travaux est présenté dans l'ordonnance. S'il s'agit d'une dépense exécutée en régie, il peut être suppléé à la facture ou au mémoire par une quittance de l'ayant droit contenant le même détail.

19. Le montant d'une ordonnance et celui de toute pièce justificative doit être non-seulement inscrit en chiffres dans le corps de cette ordonnance ou de cette pièce à l'appui, mais, en outre, énoncé en toutes lettres dans l'arrêté de l'ordonnateur ou du liquidateur.

Lorsque les pièces justificatives se rattachant à un même état de dépenses servent de base à un rapport de liquidation, il n'est plus nécessaire que chaque pièce soit arrêtée par le liquidateur: il suffit que la liquidation présente un total énoncé en toutes lettres et certifié par l'agent administratif compétent.

20. Les pièces justificatives qui présentent des ratures ne peuvent être admises sans l'approbation du nombre (en toutes lettres) des mots rayés *comme nuls*, signée, selon les cas, par ceux qui ont arrêté les mémoires, états ou autres titres, et par l'agent ou le chef de service qui a visé les pièces.

Tout renvoi ayant pour objet d'ajouter des énonciations omises doit être également approuvé et offrir les mêmes signatures.

L'approbation ne peut être considérée comme valable si la rectification est simplement interlignée au-dessus de la signature primitive, sans apposition d'une nouvelle signature.

21. Ne sont point valables les lettres d'avis présentant dans leur partie manuscrite des ratures ou des renvois non approuvés.

22. Les signatures griffées sont interdites sur les ordonnances, les lettres d'avis et sur toutes pièces justificatives de dépenses.

23. Tout titre de créance énonçant des quantités en poids ou mesures doit être rejeté si ces quantités sont exprimées autrement qu'en poids ou mesures du système décimal, conformément à la loi du 4 juillet 1837. Il est fait exception à cette règle pour les pièces justificatives de dépenses effectuées à l'étranger.

Les états de dépense comprenant des sommes en monnaies étrangères doivent indiquer, en regard de ces sommes, leur valeur en monnaie de France et mentionner le taux de conversion. La production du certificat de change n'est pas exigible.

§ II.

RÈGLES APPLICABLES AUX DÉPENSES DU PERSONNEL.

24. Sont payés par mois et à terme échu, tous les mois étant indistinctement comptés pour trente jours :

Le traitement du Ministre;

Les traitements des chefs et employés de l'Administration centrale;

Les traitements et salaires des agents attachés au service de l'hôtel des affaires étrangères (architecte, préposés au service matériel, typographe, garçons de bureau, courriers-facteurs, etc.).

Sont payés par trimestre et à terme échu :

Les traitements des agents politiques et consulaires;

Les diverses allocations et indemnités attribuées à ces mêmes agents;

Les traitements des agents en inactivité;

Le traitement du médecin assermenté auprès du ministère des affaires étrangères;

Les appointements des courriers de cabinet;

Les secours fixes.

Sont payées par mois ou par trimestre, suivant les circonstances, dont le Ministre est juge :

Les allocations et indemnités accordées à des agents en mission ou chargés de travaux particuliers.

Sont payés par semestre :

Pour le semestre écoulé, les indemnités allouées aux courriers-facteurs et gens de service chargés de porter au bureau de transmission les dépêches télégraphiques adressées par le département des affaires étrangères à ses agents à l'étranger;

D'avance, les indemnités de chaussure accordées aux gens de service.

Sont payées annuellement :

Dans le cours de l'année, les indemnités d'uniforme des courriers de cabinet;

En fin d'année, les indemnités de logement des huissiers du ministère.

25. Les traitements sont payables, pour les agents en activité de service, le dernier jour du mois ou du trimestre pendant lequel les fonctions ont été exercées, sauf le cas de décès ou de cessation d'activité dans le cours du mois ou du trimestre; il est alors produit un décompte établissant la somme due en raison du nombre des jours de service.

26. La durée de la jouissance des traitements des agents politiques et consulaires en inactivité est déterminée par des règlements spéciaux.

27. Les agents politiques et consulaires, les agents en mission, les employés de l'Administration centrale absents pour cause de service et les personnes jouissant d'un secours fixe qui ne résident pas à Paris, sont tenus de constituer un mandataire chargé de toucher pour eux, à la caisse centrale du Trésor, toutes sommes ordonnancées à leur profit.

28. Le traitement d'un employé absent pour cause d'aliénation mentale et soigné dans un établissement public peut être payé, sauf déduction des retenues prescrites, sur l'acquit du receveur de cet établissement, appuyé d'une quittance à souche, et sur la production d'un certificat de vie du malade, délivré par le directeur de l'établissement, dont la signature doit être légalisée par le maire de la commune. L'extrait d'ordonnance doit, en outre, être visé

par celui des membres de la commission administrative qui remplit les fonctions d'administrateur provisoire; à Paris, ces fonctions sont remplies par le directeur de l'Assistance publique.

29. Les sommes payées à titre de traitement fixe ou éventuel, de préciput, de supplément de traitement, de remises proportionnelles, de salaires, ou constituant à tout autre titre un émolument personnel, sont passibles de retenues pour pensions, aux termes de l'article 3 de la loi du 9 juin 1853. La *Nomenclature* fait connaître les diverses sortes d'émoluments que les lois ou règlements exemptent de ces retenues.

30. Les traitements ou allocations passibles de retenues sont portés pour *le brut* dans les ordonnances, et il y est fait mention spéciale des retenues à exercer pour pensions.

31. Les droits des agents politiques et consulaires à l'indemnité de *premiers frais d'établissement* sont réglementés par le décret du 20 février 1852.

Ce décret détermine, en outre, les conditions dans lesquelles de *seconds frais d'établissement* peuvent être accordés.

La présente nomenclature indique (page 102) le mode d'ordonnancement et de justification de ces indemnités de frais d'établissement.

§ III.

RÈGLES APPLICABLES AUX DÉPENSES DU MATÉRIEL.

32. Les mémoires ou factures de fournitures d'objets matériels et les mémoires de travaux se rapportant au matériel doivent être totalisés en chiffres et en toutes lettres; ils sont datés et signés par les créanciers, et le domicile de ces derniers doit y être indiqué.

33. L'arrêté de liquidation des mémoires et factures de toute fourniture d'objets matériels doit contenir :

1° Certificat de réception de ces objets par l'Administration, à moins que leur livraison n'ait été constatée, soit par un procès-verbal compris au nombre des pièces justificatives, soit par la déclaration d'un agent compétent, relatant le numéro d'inscription sur le registre tenu par cet agent pour les objets qu'il doit prendre en charge;

2° Mention du numéro de l'inscription desdits objets sur l'inventaire ou le catalogue, pour ceux dont la nature comporte cette formalité.

34. La réception et l'envoi à destination des objets de prix fournis au ministère des affaires étrangères pour être offerts *immédiatement* en présent, sont certifiés par l'agent chargé du contrôle de ce service.

Cet agent se borne à constater la réception, avec inscription au catalogue des ouvrages fournis, pour le même service, par livraisons ou par volumes paraissant successivement, ces ouvrages restant provisoirement au dépôt et ne devant être offerts en présent que lorsqu'ils sont complétés.

35. Ne sont pas inscrites au catalogue les revues, brochures et autres publications à l'usage des bureaux, et qui, fournis à titre de documents ou destinés à être rattachés à des dossiers d'affaires pendantes, ne font point partie de la bibliothèque du ministère.

36. L'ordonnance *de premier payement*, délivrée au nom de tout entrepreneur ou fournisseur assujetti à un cautionnement matériel, doit être appuyée, à défaut de pièces constatant la réalisation du cautionnement, d'une déclaration de l'ordonnateur ou de son délégué compétent, faisant connaître la date de la réalisation de la garantie exigée et la nature des valeurs qui y ont été affectées.

37. La production des tarifs annuels qui servent de base à la liquidation des fournitures faites par l'Imprimerie impériale est exigible pour le premier payement de chaque année, et l'on y renvoie pour les payements suivants.

38. Les réemplois d'effets mobiliers et de matériaux utilisés pour les services d'où ils proviennent, conformément à l'article 19 du règlement, doivent être prévus dans les marchés ou conventions et justifiés au moyen d'un décompte établi à l'appui des devis, dans lequel se trouvent décrits et évalués les objets réformés remis aux entrepreneurs ou fournisseurs, et dont la nature et la valeur sont ensuite rappelées au bas des mémoires.

§ IV.

RÈGLES APPLICABLES AUX DÉPENSES DU SERVICE EXTÉRIEUR.

39. Les états d'avances faites par les agents diplomatiques et consulaires et par les agents en mission à l'étranger doivent être adressés au département des affaires étrangères en double expédition, sur papier non timbré.

Ils sont totalisés en chiffres et en toutes lettres par les réclamants, et portent, autant que possible, le cachet de la mission.

40. Les états d'avances relatives aux frais de service, aux frais de missions permanentes et à toutes autres dépenses ayant un caractère fixe ou périodique, sont l'objet d'envois trimestriels.

Les agents doivent avoir soin de ne pas confondre sur le même état des dépenses ressortissant à différents chapitres du budget.

41. Les états doivent être présentés dans les formes spécifiées par la présente nomenclature et appuyés de pièces justificatives pour chaque article de dépense.

Ces pièces justificatives sont, autant que possible, des reçus. A défaut de reçus, les déclarations motivées produites par les agents sont admises.

Les pièces relatives à des dépenses faites à l'étranger sont exemptes du timbre.

Les reçus écrits dans une langue étrangère doivent être accompagnés d'une traduction certifiée.

42. Les allocations et subventions fixes payées à l'étranger par l'intermédiaire des agents du service extérieur, ne pouvant être attribuées qu'en vertu d'une décision ministérielle, il est nécessaire qu'une ampliation certifiée de cet arrêté soit produite à l'appui du premier payement; lors des payements subséquents, il suffit de rappeler la date et le numéro de l'ordonnance à laquelle la décision a été jointe.

43. Les objets mobiliers dont il est fait acquisition pour les besoins des chancelleries sont inscrits sur les inventaires des postes diplomatiques et consulaires; les livres et ouvrages sont inscrits à part, sur un catalogue spécial. Les chefs de poste justifient de ces inscriptions conformément aux dispositions de la circulaire du 1er octobre 1848.

44. Les états d'avances faites par les agents du service extérieur donnent lieu à une liquidation qui sert de base à l'ordonnance, et qui est arrêtée par l'agent administratif chargé du contrôle de ces dépenses.

§ V.

RÈGLES APPLICABLES À LA FORME ET À LA PRODUCTION DES PIÈCES JUSTIFICATIVES.

45. Toutes les fois que les pièces justificatives désignées dans la nomenclature se rapportent à plusieurs payements distincts, elles peuvent n'être produites qu'une fois; mais, dans ce cas, chaque ordonnance doit énoncer le numéro et la date de celle à laquelle ces pièces ont été jointes.

Cette règle n'est pas applicable aux à-compte d'une entreprise pour laquelle les pièces justificatives peuvent être rattachées au payement pour solde.

46. La nomenclature ci-après indique toujours les pièces justificatives en original.

A défaut de la minute ou de l'original de toute pièce justificative à produire au comptable du Trésor, il peut y être suppléé par des copies dûment certifiées par l'agent administratif compétent, et mentionnant, s'il y a lieu, l'accomplissement de la formalité de l'enregistrement.

47. Les copies produites, au lieu et place de l'expédition originale sont délivrées sur timbre lorsque le timbre est exigé pour l'original.

Les copies faites par les soins de l'Administration, pour l'ordre de la comptabilité, sont exemptes du timbre. Elles doivent contenir une mention expresse de leur destination.

48. Dans le cas où un procès-verbal d'adjudication, un marché, une soumission, une décision, etc. se rapporteraient à plusieurs personnes ou à plusieurs entreprises distinctes, les originaux ou les copies peuvent être remplacés par des extraits certifiés qui doivent relater, en général, toutes les conditions de l'exécution du service et de la régularité du payement, ainsi que de l'accomplissement, s'il y a lieu, de l'enregistrement et de toutes les autres formalités voulues.

49. Lorsqu'une décision ministérielle, un procès-verbal d'adjudication, un marché, etc. se rapportant à plusieurs personnes, à plusieurs fournitures ou à plusieurs entreprises distinctes, ont été produits (expédition originale ou copie) à l'appui d'une première ordonnance de payement émise au nom de l'une de ces personnes ou à l'occasion de l'une de ces fournitures ou entreprises, il suffit de rappeler, dans les autres ordonnances restant à délivrer, le numéro et la date de celle à laquelle la pièce dont il s'agit a été jointe.

50. Les ordonnances ainsi que les quittances des parties prenantes sont toujours produites en original.

51. Dans tous les cas où les énonciations contenues dans les pièces produites ne paraîtraient pas suffisamment précises au caissier-payeur central du Trésor, soit avant le payement, soit en exécution des arrêts de la Cour des comptes, ces énonciations peuvent être complétées par des certificats administratifs.

§ VI.

FORME DE LA NOMENCLATURE.

52. L'ordre qui a été suivi pour l'indication des pièces à produire à l'appui de chaque nature de dépense est celui du budget; c'est, en effet, dans cet ordre que les comptes sont dressés et que les payements et les justifications sont classés pour être soumis au contrôle judiciaire.

53. Les divers services du budget comprennent toutefois, dans des chapitres distincts, des dépenses analogues pour lesquelles les pièces justificatives sont identiques ou du moins en partie semblables. Aussi, pour éviter des répétitions inutiles, la nomenclature présente, en premier lieu, la description des justifications communes applicables à un certain nombre de services, et, dans

l'analyse successive de ces services, elle renvoie, sous des lettres de référence, à chacune de ces justifications pour les articles qui s'y rapportent. Ces justifications s'appliquent aux dépenses ci-après :

Personnel.

1° Administration centrale. — Traitements fixes et autres émoluments assimilés aux traitements soumis aux retenues pour le service des pensions civiles;

2° Traitements des agents politiques et consulaires (chapitre 3);

3° Allocations fixes aux agents vice-consuls et aux agents chargés de missions (*ces allocations sont assujetties à l'exercice des retenues et payées à Paris*);

4° Indemnités périodiques annuelles ou temporaires payables comme les traitements, mais exemptes de retenues pour le service des pensions (*de ce nombre sont les indemnités de frais de service*);

5° Indemnités spéciales et gratifications;

6° Salaires journaliers.

Matériel.

7° Fournitures de toute espèce;

8° Impressions fournies par l'Imprimerie impériale;

9° Travaux de toute nature;

10° Location d'immeubles.

54. Quant aux autres dépenses qui ne rentrent pas dans ces catégories ou qui présentent un caractère particulier, l'indication des justifications spéciales qui leur sont applicables est détaillée, pour chacune d'elles, en regard des paragraphes où elles sont successivement mentionnées.

JUSTIFICATIONS COMMUNES.

Nota. — Conformément à l'article 46 des dispositions générales ci-dessus, les pièces justificatives peuvent être remplacées par des copies certifiées.

PERSONNEL.

A. — ADMINISTRATION CENTRALE. — TRAITEMENTS ET ALLOCATIONS FIXES SOUMIS AUX RETENUES POUR LE SERVICE DES PENSIONS CIVILES.

(Règlement, art. 45, 46, 47, 50 et 51.)

1° État nominatif *dûment arrêté (ou ordonnance individuelle)*, indiquant pour chaque fonctionnaire ou agent :

1° Le grade, l'emploi ou la nature du service ;

2° Le chiffre du traitement annuel ou mensuel ;

3° La durée du service ;

4° La somme brute à ordonnancer ;

5° Le montant des retenues à exercer au profit du Trésor pour le service des pensions civiles, en exécution de la loi du 9 juin 1853, savoir :

Retenue de 5 p. 0/0 ;

Retenue du premier douzième de traitement ou d'augmentation ;

Retenue pour congé, absence ou mesure disciplinaire ;

Et, *pour déterminer le montant desdites retenues ;*

En cas de nomination nouvelle ou d'augmentation l'époque de l'entrée en jouissance, la position et le traitement antérieurs (S'il s'agit d'une allocation fixe imputée sur le chapitre II ou sur le chapitre XI, une copie certifiée de la décision ministérielle qui la concède ou qui en modifie la quotité, doit être produite à l'appui du premier payement; et lors des payements subséquents, il suffit de rappeler la date et le numéro de l'ordonnance à laquelle la décision a été jointe.) ;

En cas d'absence pour service public, la nature du service ;

En cas d'absence par suite de congé, la date de la décision qui a accordé le congé, avec ou sans dispense de retenue, la nature et la durée du congé, l'époque de la cessation et de la reprise des fonctions.

Personnel. — B. Traitements.

En cas de retenue disciplinaire (art. 48), la date de la décision qui en a fixé le montant.

6° *Pour les retenues autres que celles à exercer pour le service des pensions civiles :*

La nature et le montant de la retenue et la date de la décision qui l'a prescrite ;

7° La somme nette à payer, déduction faite du montant des retenues ;

8° *En ce qui concerne le cumul, ledit état contenant (art. 30)* la déclaration des parties elles-mêmes qu'elles ne remplissent aucun emploi et qu'elles ne jouissent d'aucun traitement ou pension, et, dans le cas contraire, l'indication précise de ces traitements ou pensions (art 83).

2° Quittance *de l'ayant droit par émargement ou séparée ;*

Et de plus, en cas d'ordonnancement collectif :

3° Acquit *de la personne autorisée à recevoir.*

B. — TRAITEMENTS DES AGENTS POLITIQUES ET CONSULAIRES.

(Chapitre 3.)

(Règlement, art. 27, 28, 29, 45, 46, 50 et 51.)

1° État nominatif *dûment arrêté (ou ordonnance individuelle)*, indiquant pour chaque agent :

1° Le grade ou la nature des fonctions ;

2° La résidence ;

3° La durée du service ;

4° *En cas d'absence du titulaire par suite de congé*, l'époque de la cessation et de la reprise des fonctions ;

5° *Lorsqu'il y a un intérimaire*, la durée de son intérim ;

6° La somme brute à payer ;

7° La somme sur laquelle doit porter la retenue de 5 p. 0/0 ;

8° Le montant des retenues à exercer au profit du Trésor pour le service des pensions civiles, en exécution de la loi du 9 juin 1853 (1) ;

9° *En cas de nomination nouvelle ou d'augmentation*, la date de l'entrée en jouissance, et, *afin de déterminer le montant de la retenue du douzième*, la position et le traitement antérieurs ;

10° La somme nette à payer.

---

(1) Le montant des bonifications par suite de congés s'ordonnance, en fin d'exercice, au profit de la caisse des pensions civiles ; l'ordonnance est délivrée au nom de M. le receveur central des finances du département de la Seine.

2° ACQUIT *de l'ayant droit ou de son fondé de pouvoirs;*

3° En cas d'avance de traitement:

1° ORDONNANCE (*individuelle*) D'AVANCE *et* QUITTANCE *de la partie prenante ou de son fondé de pouvoirs ;*

2° ORDONNANCE (*individuelle*) DE DÉCOMPTE rappelant le numéro et la date de la première ordonnance, et QUITTANCE *de l'ayant droit ou de son fondé de pouvoirs.*

NOTA. En ce qui concerne le cumul, c'est aux agents eux-mêmes qu'il appartient de produire, soit en personne, soit par l'intermédiaire de leurs fondés de pouvoirs, les déclarations réglementaires.

C. — ALLOCATIONS FIXES ATTRIBUÉES À DES AGENTS VICE-CONSULS ET À DES AGENTS CHARGÉS DE MISSIONS.

(Ces allocations sont assujetties à l'exercice des retenues pour les pensions.)

1° ÉTAT NOMINATIF *dûment arrêté (ou ordonnance individuelle),* indiquant pour chaque agent :

1° Le grade ou la nature des fonctions ;

2° Le siége de l'agence ou de la mission ;

3° La durée du service ;

4° *En cas d'absence du titulaire,* l'époque de la cessation et de la reprise des fonctions ;

5° *Lorsqu'il y a un intérimaire,* la durée de son intérim ;

6° La somme brute à payer ;

7° *S'il y a lieu,* la moyenne annuelle du net produit des perceptions de chancellerie de l'agence ;

8° Le montant des retenues à exercer au profit du Trésor pour le service des pensions civiles, en exécution de la loi du 9 juin 1853 (1) ;

9° *En cas de nomination nouvelle ou d'augmentation,* la date de l'entrée en jouissance, et, *afin de déterminer la retenue du douzième,* la position et le traitement antérieurs. (Une copie certifiée de la décision ministérielle qui fixe la quotité de l'allocation et, le cas échéant, le chiffre de la moyenne annuelle du net produit des perceptions, doit, en outre, être produite à l'appui du premier payement ;

---

(1) Ces retenues s'exercent, pour les agents vice-consuls, non-seulement sur le montant de l'allocation fixe, mais encore sur une moyenne annuelle du net produit des perceptions de chancellerie de l'agence, laquelle moyenne est déterminée par une décision ministérielle et forme, avec l'allocation fixe, l'ensemble des émoluments passibles de retenues dont jouit l'agent.

lors des payements subséquents, il suffit de rappeler la date et le numéro de l'ordonnance à laquelle la décision a été jointe.);

10° La somme nette restant à payer.

2° ACQUIT *de l'ayant droit ou de son fondé de pouvoirs.*

NOTA. En ce qui concerne le cumul, c'est aux agents qu'il appartient de produire les déclarations réglementaires.

D. — INDEMNITÉS PÉRIODIQUES ANNUELLES OU TEMPORAIRES EXEMPTES DES RETENUES POUR LES PENSIONS CIVILES.

(*Y comprises les indemnités de frais de service payées directement à des agents vice-consuls*) (1).

1° ÉTAT NOMINATIF *dûment arrêté (ou ordonnance individuelle)*, indiquant pour chaque fonctionnaire ou agent :

1° Le grade et l'emploi ou la nature du service;

2° Le chiffre de l'indemnité annuelle (Une copie certifiée de la décision ministérielle qui concède l'indemnité ou qui en modifie la quotité doit être produite à l'appui du premier payement; lors des payements subséquents, il suffit de rappeler la date et le numéro de l'ordonnance à laquelle la décision a été jointe) (2);

3° La durée du service (3);

4° *S'il s'agit d'une indemnité de frais de service*, la résidence de l'agent;

5° La somme à payer.

2° *Pour les agents autres que les vice-consuls;* QUITTANCE *de l'ayant droit par émargement ou séparée*, et de plus, en cas d'ordonnancement collectif : ACQUIT *de la personne autorisée a recevoir.*

Pour les agents vice-consuls : QUITTANCE de l'ayant droit ou de son fondé de pouvoirs.

---

(1) Quelques indemnités de frais de service sont payées par l'intermédiaire de chefs de missions politiques ou consulaires, qui font figurer ces avances sur leurs états trimestriels, en appuyant leur réclamation du reçu de la partie prenante.

(2) Cette règle ne s'applique pas, bien entendu, aux indemnités qui figurent au budget.

(3) Lorsqu'un agent vice-consul jouissant d'une indemnité de frais de service s'absente de son poste par suite de congé, l'ordonnance doit mentionner l'époque de la cessation et de la reprise des fonctions, ainsi que la durée de l'intérim, lorsqu'il y a un intérimaire.

E. — INDEMNITÉS SPÉCIALES ET GRATIFICATIONS.

(Exemptes de retenues pour le service des pensions civiles.)

1° Copie certifiée de la DÉCISION qui accorde l'indemnité ou la gratification ;

2° QUITTANCE de l'ayant-droit par émargement ou séparée ;

Et, de plus, *en cas d'ordonnancement collectif :*

3° ÉTAT NOMINATIF dûment approuvé indiquant la somme accordée à chacun des fonctionnaires et agents y dénommés ;

4° ACQUIT de la personne autorisée à recevoir.

F. — SALAIRES.

(Exempts de retenues pour le service des pensions civiles.)

1° ÉTAT NOMINATIF dûment arrêté, indiquant, pour chacun des agents y dénommés, le prix fixé, le nombre des journées et la somme à payer ;

2° QUITTANCE de l'ayant-droit par émargement ou séparée.

MATÉRIEL.

G. — FOURNITURES.

§ 1er. — FOURNITURES EXÉCUTÉES EN VERTU D'ADJUDICATIONS PUBLIQUES OU DE MARCHÉ DE GRÉ À GRÉ.

Payement unique ou intégral (règlement, art. 73).

1° PROCÈS-VERBAL D'ADJUDICATION (1) ou MARCHÉ DE GRÉ À GRÉ (T), dûment approuvé et enregistré ;

2° CAHIER DES CHARGES (T) ;

NOTA. Si le cahier des charges est un document administratif d'une application générale et ne constitue pas une annexe spéciale du marché, l'original est exempté du timbre.

3° DEVIS ou SOUMISSION (T) contenant l'indication des fournitures et des prix lorsque ces détails ne résultent ni du procès-verbal d'adjudication ou du marché (n° 1) ni du cahier des charges (n° 2) ;

(1) Le département des affaires étrangères est très-rarement dans le cas de procéder par voie d'adjudication publique ; les fournitures dont la valeur excède 1,000 francs s'effectuent ordinairement sur simple soumission approuvée par le Ministre ordonnateur et dûment enregistrée.

Matériel. — G. Fournitures.

4° CERTIFICAT constatant la réalisation du cautionnement ou la dispense qui en a été donnée (art. 34, § 3);

5° FACTURE ou MÉMOIRE (T) dûment certifié et arrêté contenant le détail des fournitures en quantités, les prix d'unité, la date des livraisons et la somme à payer;

6° CERTIFICAT constatant l'exécution du service dans les délais et suivant les conditions stipulées; faisant connaître, *s'il y a lieu,* la date des ordres de livraisons, *et, de plus,* mentionnant la prise en charge par qui de droit des fournitures, ou le numéro d'inscription sur l'inventaire ou le catalogue des objets qui en sont susceptibles;

7° *En cas d'exonération ou de réduction des retenues encourues pour retard dans les livraisons :*

Ampliation de la DÉCISION qui a prononcé cette exonération ou cette réduction;

8° QUITTANCE (T) de l'ayant droit;

9° *En cas de traité de gré à gré pour les fournitures au-dessus de 10,000 francs ou de 3,000 francs par an, si elles embrassent plusieurs années :*

CERTIFICAT de l'ordonnateur relatant l'une des exceptions spécifiées par le paragraphe 1er de l'article 34, et pour le cas prévu par le n° 2 du même paragraphe, l'autorisation impériale.

NOTA. 1° Lorsque les fournitures résultant d'une même adjudication ou d'un même marché sont scindées, mais que chaque livraison fait l'objet d'une liquidation distincte et complète, dont le montant est ordonnancé intégralement, on produit à l'appui du premier payement toutes les justifications indiquées ci-dessus; pour les payements suivants, les justifications nos 5, 6, 7 (*s'il y a lieu*) et 8, sont seules produites, et il suffit de rappeler le numéro de l'ordonnance à l'appui de laquelle les justifications nos 1, 2, 3, 4 et 9 (*s'il y a lieu*) ont été jointes antérieurement, ainsi que la date du payement.

Chaque facture ou mémoire doit rappeler la situation de l'entrepreneur quant aux quantités qu'il était tenu de fournir aux termes de son marché.

2° En cas de *traité à forfait,* il n'est pas nécessaire que le mémoire contienne le décompte détaillé en quantités et deniers, qui ne serait que la reproduction textuelle du devis ou du cahier des charges.

Payements fractionnés (art. 75 et 76).

PREMIER À-COMPTE.

1° EXTRAIT certifié du PROCÈS-VERBAL D'ADJUDICATION ou du MARCHÉ, mentionnant l'approbation et l'enregistrement;

2° EXTRAIT du CAHIER DES CHARGES faisant connaître le montant du cautionnement et les conditions du payement (art. 34, § 3);

Matériel. — G. Fournitures.

3° Certificat constatant la réalisation du cautionnement ou la dispense qui en a été donnée ;

4° Décompte portant liquidation des fournitures effectuées et indiquant la somme à ordonnancer, et, *s'il y a lieu*, la somme retenue ;

5° Quittance (T) de l'ayant-droit;

6° *En cas de traité de gré à gré pour les fournitures au-dessus de 10,000 francs ou de 3,000 francs par an, si elles embrassent plusieurs années :*

Certificat de l'ordonnateur relatant l'une des exceptions spécifiées par le paragraphe 1er de l'article 34, et pour le cas prévu par le n° 2 du même paragraphe, l'autorisation impériale.

À-COMPTE SUBSÉQUENTS.

1° Décompte portant liquidation des fournitures effectuées; indiquant, *s'il y a lieu*, la somme retenue, le détail des à-compte payés, les dates et numéros des ordonnances en vertu desquelles ces payements ont été faits, le montant et le numéro d'ordre de l'à-compte à ordonnancer;

2° Quittance (T) de l'ayant-droit.

PAYEMENT POUR SOLDE.

1° Procès-verbal d'adjudication ou marché de gré à gré (T), dûment approuvé et enregistré;

2° Cahier des charges (T);

Nota. Si le cahier des charges est un document administratif d'une application générale et ne constitue pas une annexe spéciale du marché, l'original est exempté du timbre.

3° Devis ou soumission (T) contenant l'indication des fournitures et des prix, lorsque ces détails ne résultent ni du procès-verbal d'adjudication ou marché (n° 1), ni du cahier des charges (n° 2);

4° Facture ou mémoire (T) dûment vérifié et arrêté, contenant le détail en quantités, les prix d'unité et le montant total des fournitures, ainsi que la date des livraisons;

5° Décompte relatant les à-compte payés, les dates et numéros des ordonnances antérieures, et la somme à payer;

6° Certificat constatant l'exécution du service dans les délais et suivant les conditions stipulées, et faisant connaître, *s'il y a lieu*, la date des ordres de livraison, *et de plus* mentionnant la prise en charge par qui de droit des fournitures, ou le numéro d'inscription sur l'inventaire ou le catalogue des objets qui en sont susceptibles;

7° *En cas d'exonération ou de réduction des retenues encourues pour retard dans les livraisons;*

Ampliation de la DÉCISION qui a prononcé cette exonération ou cette réduction;

8° QUITTANCE (T) de l'ayant-droit;

9° *En cas d'exécution d'une même fourniture en plusieurs années : à l'appui du payement de solde :*

DÉCOMPTE général de l'entreprise détaillé et dûment certifié.

NOTA. Lorsque les adjudications ou marchés sont passés pour plusieurs années, et que les dépenses se soldent par exercice, on produit à l'appui du payement de solde du premier exercice toutes les justifications indiquées ci-dessus; pour les payements de solde de chacun des exercices ultérieurs, les justifications n°s 4, 5, 6, 7 (*s'il y a lieu*) et 8 sont seules produites, et il suffit de rappeler le numéro de l'ordonnance à l'appui de laquelle les justifications n°s 1, 2 et 3 ont été produites, ainsi que la date du payement.

§ 2. — FOURNITURES EXÉCUTÉES SUR SIMPLE MÉMOIRE, LORSQUE LA DÉPENSE N'EXCÈDE PAS 1,000 FRANCS.

(Règlement, art. 34, § 11, 2e alinéa.)

1° FACTURE OU MÉMOIRE (T) dûment vérifié et arrêté, contenant le détail des fournitures en quantités, les prix d'unité, la date de la livraison et la somme à payer;

2° CERTIFICAT constatant la prise en charge des fournitures ou indiquant le numéro d'inscription sur l'inventaire ou le catalogue des objets qui en sont susceptibles;

3° QUITTANCE (T) de l'ayant-droit.

NOTA. Lorsqu'il est payé un ou plusieurs à-compte sur le montant d'un mémoire, les pièces justificatives doivent être fournies à l'appui du payement du premier à-compte. On s'y réfère pour les payements suivants.

H. — IMPRESSIONS FOURNIES PAR L'IMPRIMERIE IMPÉRIALE.

Payement unique ou intégral.

1° Copie ou extrait des TARIFS annuels dûment approuvés;

2° MÉMOIRE liquidé et arrêté, présentant le détail en quantités et les prix d'unité;

3° CERTIFICAT de prise en charge des fournitures faites;

4° QUITTANCE à souche dûment contrôlée, souscrite par le caissier de l'Imprimerie;

5° Acquit pour duplicata donné par ce comptable sur l'extrait de l'ordonnance, lequel doit porter le *vu bon à payer* du chef de bureau de la comptabilité de l'Imprimerie impériale et le visa du chef du contrôle de cet établissement.

Payements fractionnés.

À-COMPTE.

1° Décompte du service effectué, faisant ressortir la somme à payer pour le premier à-compte, et, pour les payements suivants, rappelant, en outre, les à-compte payés et les dates et numéros des ordonnances antérieures;

2° Quittance à souche, comme ci-dessus;

3° Acquit pour duplicata, comme ci-dessus.

SOLDE.

Mêmes justifications qu'au payement intégral.

Et de plus :

Décompte rappelant les à-compte payés, les dates et numéros des ordonnances antérieures.

I. — TRAVAUX.

§ Ier. — TRAVAUX EXÉCUTÉS EN VERTU D'ADJUDICATIONS PUBLIQUES OU DE MARCHÉS DE GRÉ À GRÉ (1).

(Règlement, art. 34.)

Payement unique ou intégral (règlement, art. 73).

1° Décision approbative des travaux, mentionnant, s'il y a lieu, la date du décret impérial rendu dans les cas prévus par l'article 69, § 2, du décret du 31 mai 1862;

2° Procès-verbal d'adjudication (T) ou marché de gré à gré (T), dûment approuvé (art. 34, §§ 10 et 11) et enregistré;

3° Cahier des charges (T);

Nota. Si le cahier des charges est un document administratif d'une application générale et ne constitue pas une annexe spéciale du marché, l'original est exempté du timbre.

(1) Les travaux que le département des affaires étrangères fait exécuter sont généralement des travaux d'entretien pour lesquels il n'est point nécessaire de procéder par voie d'adjudication publique, ni même au moyen d'un marché de gré à gré.

Le prix de ces travaux d'entretien s'ordonnance au profit de l'entrepreneur, sur simple mémoire réglé par l'architecte du ministère, et dûment arrêté par l'agent administratif compétent.

Matériel. — I. Travaux.

4° DEVIS ESTIMATIF;

5° SÉRIE DES PRIX;

6° CERTIFICAT constatant la réalisation du cautionnement ou la dispense qui en a été donnée;

7° FACTURE (T) ou DÉCOMPTE administratif des travaux exécutés, dûment vérifié et arrêté; contenant le détail des travaux, l'application des prix par article, la date de l'exécution et la somme à payer;

8° PROCÈS-VERBAL DE RÉCEPTION DÉFINITIVE constatant l'exécution du service dans les délais et suivant les conditions stipulées;

NOTA. Dans le cas où il ne devrait pas être dressé de procès-verbal de réception définitive, il est produit un certificat administratif contenant les mêmes énonciations.

9° *En cas d'exonération ou de réduction des retenues encourues pour retard*, ampliation de la DÉCISION qui a prononcé l'exonération ou la réduction;

10° QUITTANCE (T) de l'ayant-droit;

11° *En cas de traité de gré à gré pour les travaux au-dessus de 10,000 francs ou de 3,000 francs par an, s'ils embrassent plusieurs années :*

CERTIFICAT de l'ordonnateur, relatant l'une des exceptions spécifiées par le paragraphe 1er de l'article 34, et, pour le cas prévu par le n° 2 du même paragraphe, rappelant l'autorisation impériale.

NOTA. Lorsque les travaux résultant d'une même adjudication ou d'un même marché sont scindés et constituent plusieurs entreprises distinctes qui font l'objet, chacune, d'une liquidation spéciale dont le montant est ordonnancé intégralement, on produit à l'appui du premier payement toutes les justifications indiquées ci-dessus; pour les payements suivants, les justifications nos 7, 8, 9 (*s'il y a lieu*) et 10, sont seules produites, et il suffit de rappeler le numéro de l'ordonnance à l'appui de laquelle les justifications nos 1, 2, 3, 4, 5 et 6 ont été jointes antérieurement, ainsi que la date du payement.

Chaque facture ou décompte doit rappeler la situation de l'entrepreneur quant à l'ensemble de son marché.

En cas de traité à forfait, il n'est pas nécessaire que le décompte contienne le détail des travaux et des prix, qui ne serait que la reproduction textuelle du devis.

Payements fractionnés (règlement, art. 75 et 76).

PREMIER À-COMPTE.

1° DÉCISION APPROBATIVE des travaux, mentionnant, *s'il y a lieu*, la date du décret impérial rendu dans les cas prévus par l'article 69, § 2, du décret du 31 mai 1862;

2° EXTRAIT certifié du PROCÈS-VERBAL D'ADJUDICATION ou du MARCHÉ, mentionnant l'approbation et l'enregistrement;

Matériel. — I. Travaux.

3° Extrait du cahier des charges faisant connaître le montant du cautionnement et les conditions du payement (art. 76);

4° Certificat constatant la réalisation du cautionnement ou la dispense qui en a été donnée;

5° Décompte portant liquidation des travaux effectués et indiquant la somme à ordonnancer et la somme retenue;

6° Quittance (T) de l'ayant-droit;

7° *En cas de traité de gré à gré pour les travaux au-dessus de 10,000 francs ou de 3,000 francs par an, s'ils embrassent plusieurs années :*

Un Certificat de l'ordonnateur, relatant l'une des exceptions spécifiées par le paragraphe 1er de l'article 34, et, pour le cas prévu par le n° 2 du même paragraphe, rappelant l'autorisation impériale.

À-COMPTE SUBSÉQUENTS.

1° Décompte portant liquidation des travaux effectués, indiquant la somme retenue, le détail des à-compte payés, les dates et numéros des ordonnances en vertu desquelles les payements ont été faits, le montant et le numéro d'ordre de l'à-compte à ordonnancer (art. 76);

2° Quittance (T) de l'ayant-droit.

PAYEMENT POUR SOLDE.

1° Procès-verbal d'adjudication (T) ou marché de gré à gré (T), dûment approuvé et enregistré;

2° Cahier des charges (T);

Nota. Si le cahier des charges est un document administratif d'une application générale et ne constitue pas une annexe spéciale du marché, l'original est exempté du timbre.

3° Devis estimatif;

4° Série des prix;

5° Facture (T) ou décompte administratif des travaux exécutés, dûment vérifié et arrêté, contenant l'application des prix par article, le montant total des travaux et la date de l'exécution;

6° Décompte général de l'entreprise relatant les à-compte payés, les dates et numéros des ordonnances antérieures et la somme à payer;

7° Procès-verbal de réception définitive, constatant l'exécution du service dans les délais et suivant les conditions stipulées;

Nota. Dans le cas où il ne serait pas dressé de procès-verbal de réception définitive, il est produit un certificat administratif contenant les mêmes énonciations.

8° *En cas d'exonération ou de réduction des retenues encourues pour retard*, ampliation de la DÉCISION qui a prononcé l'exonération ou la réduction;

9° QUITTANCE (T) de l'ayant-droit;

10° *En cas d'exécution de travaux durant plusieurs années;*

A l'appui du payement de solde de la dernière année :

DÉCOMPTE GÉNÉRAL de l'entreprise, détaillé et dûment certifié.

NOTA. Lorsque les adjudications ou marchés sont passés pour plusieurs années et que les dépenses se soldent par exercice, on produit, à l'appui du payement de solde du premier exercice, toutes les justifications indiquées ci-dessus; pour les payements de solde de chacun des exercices ultérieurs, les justifications nos 5, 6, 7, 8 (*s'il y a lieu*) et 9 sont seules produites, et il suffit de rappeler le numéro de l'ordonnance à l'appui de laquelle les justifications nos 1, 2, 3 et 4 ont été jointes antérieurement, ainsi que la date du payement.

§ 2. — TRAVAUX EXÉCUTÉS SUR SIMPLE MÉMOIRE, LORSQUE LA DÉPENSE N'EXCÈDE PAS 1,000 FRANCS. (Art. 34, § 11, 2e alinéa.)

1° MÉMOIRE (T) dûment arrêté, réglé (*s'il y a lieu*) et contenant le détail en quantités, les prix d'unité et la somme à payer;

2° CERTIFICAT constatant l'exécution des travaux;

3° QUITTANCE (T) de l'ayant-droit.

NOTA. Lorsqu'il est payé un ou plusieurs à-compte sur le montant d'un mémoire, les pièces doivent être fournies à l'appui du payement du premier à-compte; on s'y réfère pour les payements suivants.

§ 3. — TRAVAUX EN RÉGIE PAR ÉCONOMIE.

(Règlement, art. 74, 93 et 94.)

1° DÉCISION de l'Administration supérieure autorisant l'exécution des travaux et visant l'article du règlement sur lequel est motivée la mise en régie desdits travaux;

2° DÉCISION ou ARRÊTÉ nommant le régisseur;

3° ACQUIT de l'agent d'économie sur l'ordonnance d'avance;

4° BORDEREAU détaillé de l'emploi des fonds avancés, visé par l'ordonnateur et appuyé des pièces ci-après, savoir :

Salaires à la journée et à la tâche.

1° RÔLES des journées d'ouvriers, ÉTATS ou MÉMOIRES des tâcherons, attestés par le régisseur, et indiquant le prix convenu, ainsi que le nombre des journées, ou le détail des travaux effectués à la tâche;

2° QUITTANCES des ayants-droit par émargement ou séparées.

Fournitures.

1° Mémoires ou factures (T), attestés par le régisseur, contenant la date et le détail des livraisons en quantités, les prix d'unité et la somme à payer;

2° Certificat constatant la prise en charge des fournitures ou indiquant le numéro d'inscription sur l'inventaire des objets qui en sont susceptibles;

3° Quittance (T) de l'ayant droit;

Et dans le cas où les travaux ou fournitures seraient exécutés en vertu d'adjudications ou de marchés :

Les pièces exigées par la présente nomenclature, pour les fournitures, par la justification G *ci-dessus*, §§ 1 et 2, et pour les travaux, par la présente justification I, §§ 1 et 2.

Nota. Lorsqu'il est délivré successivement plusieurs ordonnances d'avance, on produit, à l'appui de la première avance, toutes les justifications indiquées ci-dessus; pour les avances suivantes, les justifications n°s 3 et 4 sont seules produites, et il suffit de rappeler le numéro et la date des ordonnances à l'appui desquelles les justifications n°s 1 et 2 ont été rattachées ainsi que la date du payement.

Pour toutes les avances, excepté la première, le bordereau d'emploi des fonds doit relater la situation des avances antérieures.

J. — LOCATIONS D'IMMEUBLES.

(Règlement, art. 37.)

PREMIER PAYEMENT.

1° Bail (T) dûment approuvé et enregistré, et de plus transcrit lorsque sa durée est de plus de dix-huit ans;

2° Quittance (T) du propriétaire.

Nota. Les baux passés au nom de l'Administration sont susceptibles d'être enregistrés gratis. (Décision du Ministre des finances, du 17 septembre 1823.)

PAYEMENTS SUBSÉQUENTS.

1° Quittance (T) du propriétaire;

2° *Indication* du numéro et de la date de l'ordonnance à laquelle la copie certifiée du bail a été jointe antérieurement, et (*dans le cas où l'immeuble aurait été vendu postérieurement au bail*) :

3° Extrait (T) de l'acte de vente.

SECTIONS.	CHAPITRES.	ARTICLES.	ANALYSE des divers modes d'administration, de comptabilité et de payement.	PIÈCES à produire aux comptables du trésor public, à l'appui des ordonnances de payement.	OBSERVATIONS.
			Ire SECTION. ADMINISTRATION CENTRALE. CHAPITRE PREMIER. PERSONNEL.		
		ARTICLE 1er. — Traitement du Ministre.	§ 1er. Le traitement du Ministre n'est pas assujetti à la retenue pour le service des pensions; il est ordonnancé par douzième. § 2. Les frais de premier établissement, alloués dans certains cas aux Ministres, sont réglés, en exécution de la loi du 31 janvier 1833, article 11, par un décret impérial rendu conformément aux dispositions de la loi du 25 mars 1817, article 26.	Acquit du Ministre. Expédition du décret qui autorise la dépense; Acquit du Ministre.	
1re SECTION. — ADMINISTRATION CENTRALE.	CHAPITRE Ier. — *Personnel.*	ART. 2. — Traitements des bureaux.	§ 3. Le chiffre annuel du traitement est fixé par une décision ministérielle pour les chefs et employés de tous grades. § 4. Les traitements sont payés par mois. § 5. Les états de traitement sont arrêtés par le Ministre. § 6. Les *traitements des bureaux* comprennent : 1° Les traitements proprement dits qui, pour tous les chefs et employés, sont passibles des retenues pour le service des pensions civiles (1) (Loi du 9 juin 1853); 2° Le traitement du médecin assermenté auprès du ministère des affaires étrangères (*ce traitement n'est pas soumis aux retenues*); 3° Les indemnités et gratifications allouées, par des décisions ministérielles, sur le crédit spécial y affecté ou sur les fonds restant libres par suite de vacances momentanées d'emplois.	Voir *Justifications communes*, Traitements de l'administration centrale, lettre A, page 69. Ordonnances individuelles. Acquit du médecin. Voir *Justifications communes*, indemnités spéciales et gratifications, lettre E, page 73.	(1) Les fonctionnaires et employés de l'administration centrale, ainsi que les agents politiques et consulaires, supportent sur leur traitement les retenues suivantes : 1° Une retenue de 5 p. 0/0 sur le montant brut des premiers, 20,000 francs; sur les 4/5 des seconds, 10,000 francs; sur les 3/5 des troisièmes, 20,000 francs; sur les 2/5 des quatrièmes, 20,000 francs; et, enfin, sur le cinquième de tout ce qui excède, 80,000 francs (article 19 du décret du 9 novembre 1853); 2° Une retenue du douzième du montant net du traitement lors de la première nomination ou dans le cas de réintégration, et une autre du douzième du montant net de toute augmentation ultérieure.
		ART. 3. — Traitements des agents du service intérieur.	§ 7. Sont classés sous cette désignation : 1° Les appointements de l'inspecteur et du sous-inspecteur du service Matériel; 2° Les appointements du typographe attaché au bureau du chiffre. Ces divers appointements, passibles des retenues, sont réglés par mois.	Voir *Justifications communes*, Traitements de l'administration centrale, lettre A, page 69.	
		ART. 4. — Gages des gens de service (2).	§ 8. Cet article comprend : 1° Les appointements de la personne chargée de la lingerie; 2° Les salaires annuels des garçons de bureau, hommes de peine, frotteurs, etc. Ces appointements et ces salaires sont payés mensuellement et frappés des retenues pour le service des pensions.	Voir *Justifications communes*, Traitements de l'administration centrale, lettre A, page 69.	(2) Les gages des courriers-facteurs sont imputés sur le chapitre VI (*Frais de voyages et de courriers*). (Voir ce chapitre, page 112.)

SECTIONS.	CHAPITRES.	ARTICLES.	ANALYSE DES DIVERS MODES D'ADMINISTRATION, DE COMPTABILITÉ ET DE PAYEMENT.	PIÈCES À PRODUIRE AUX COMPTABLES DU TRÉSOR PUBLIC À L'APPUI DES ORDONNANCES DE PAYEMENT.	OBSERVATIONS.
			CHAPITRE II. MATÉRIEL. § 9. Les fournitures nécessaires au service sont autorisées par le Ministre, lorsque leur importance dépasse la somme de 2,000 francs, et, dans le cas contraire, par le directeur des fonds et de la comptabilité. Il en est de même en ce qui concerne les travaux. Les mémoires sont arrêtés par le directeur des fonds et de la comptabilité et le montant en est ordonnancé par le Ministre.		
		ARTICLE 1er. Fournitures de bureau. — Atelier de reliure.	§ 10. Cet article comprend les travaux et fournitures de papeterie, cachets, timbres secs ou humides (1), etc. et les dépenses de l'atelier de reliure. Les fournitures de bureau sont généralement l'objet de marchés passés de gré à gré; toutefois, le département se réserve la faculté de traiter à prix débattus. Toutes les fournitures se rattachant au présent article, sauf celles de l'atelier de reliure, sont prises en charge par l'inspecteur du service Matériel, qui tient une comptabilité par entrées et sorties de tous les objets dont il a le dépôt. Il a également qualité pour certifier l'exécution des travaux. § 11. Les mémoires sont produits par mois ou par trimestre. Ils sont visés par l'inspecteur du service Matériel, à l'exception de ceux qui comprennent les fournitures faites pour l'atelier de reliure. Ces derniers sont revêtus de l'approuvé du sous-directeur des archives; ils sont produits par semestre. § 12. L'indemnité mensuelle allouée au relieur du ministère et le salaire de l'ouvrier qu'il emploie sont exempts des retenues pour les pensions. Le salaire de l'ouvrier se règle par journée de travail; le relieur en fait l'avance.	Voir *Justifications communes*, Fournitures, lettre G, page 73. Pour l'*indemnité attribuée au relieur* : Voir *Justifications communes*, Indemnités périodiques annuelles ou temporaires, lettre D, page 72; Pour les *journées de l'ouvrier* : Reçu de l'ouvrier; Acquit du relieur.	(1) Le prix des cachets et des timbres secs ou humides, à l'usage des postes diplomatiques et consulaires, est imputé sur le chapitre VII (*Frais de service*). — (Voir ce chapitre, art. 7, pages 120 et 122.)
Ire SECTION. ADMINISTRATION CENTRALE. (Suite.)	CHAPITRE II. *Matériel.*	ART. 2. Impressions. — Atelier de typographie.	§ 13. Cet article comprend : 1° Le prix des impressions effectuées, par l'Imprimerie impériale, des budgets, comptes et documents publiés en exécution des lois, ainsi que des instructions et modèles de service. Les fournitures sont prises en charge par l'inspecteur du service Matériel, qui appose son visa sur les mémoires. Ces mémoires sont produits généralement par trimestre; 2° Les dépenses de l'atelier de typographie attaché au bureau du chiffre. Les caractères d'imprimerie à l'usage de cet atelier sont fournis par l'Imprimerie impériale. Les appointements du typographe sont ordonnancés par mois, à terme échu, et sont soumis à l'exercice des retenues pour le service des pensions civiles; ils s'imputent sur les fonds du chapitre Ier (*Personnel*). (Voir ce chapitre, art. 3, § 7, page 82.)	Voir *Justifications communes*, Impressions fournies par l'Imprimerie impériale, lettre H, page 76.	
		ART. 3. Chauffage.	§ 14. La fourniture du bois de chauffage est l'objet d'une adjudication publique, dont les conditions sont énoncées dans un cahier des charges. L'adjudicataire fournit un cautionnement pour garantie de l'exécution du marché. Il peut être suppléé à l'adjudication publique au moyen d'une soumission souscrite par le fournisseur et en vertu de laquelle il s'engage à livrer au département une quantité de bois de chauffage déterminée, et ce à un prix égal ou inférieur au prix résultant ou devant résulter d'une adjudication intervenue ou à intervenir entre ce même fournisseur et une autre administration publique. Le cautionnement, dans ce cas, reste exigible.	Voir *Justifications communes*, Fournitures, lettre G, page 73; *De plus :* 1° *Pour les fournitures de bois de chauffage* : Procès-verbal de mesurage et de réception de l'inspecteur de la ville de Paris; 2° *Pour l'encavement du bois* : État des avances faites, à cette occasion, pour le payement des indemnités dues aux hommes de peine, ledit état portant l'acquit des parties prenantes et visé par le sous-directeur des fonds et de la comptabilité.	

SECTIONS.	CHAPITRES.	ARTICLES.	ANALYSE DES DIVERS MODES D'ADMINISTRATION, DE COMPTABILITÉ et de payement.	PIÈCES À PRODUIRE AUX COMPTABLES DU TRÉSOR PUBLIC à l'appui des ordonnances de payement.	OBSERVATIONS.
Iʳᵉ SECTION. — ADMINISTRATION CENTRALE. (Suite.)	CHAPITRE II. — *Matériel.* (Suite.)	ART. 3. — Chauffage. (Suite.)	§ 15. Les livraisons sont faites par piles formées et mesurées dans les cours intérieures de l'Administration, en présence d'un inspecteur des combustibles de la ville de Paris, de l'inspecteur du service Matériel et du fournisseur ou de son représentant. Un procès-verbal de mesurage et de réception est dressé chaque jour. Le fournisseur pourvoit aux travaux de sciage, moyennant un prix déterminé par le cahier des charges ou par la soumission. Le département se charge de l'encavement : ce travail est effectué par les hommes de peine du ministère, moyennant une rétribution dont le chiffre est fixé par le Ministre. L'inspecteur du service Matériel certifie l'exécution du sciage et de l'encavement. § 16. Le fournisseur produit un mémoire dès qu'une livraison est terminée. § 17. Les fournitures de charbon de terre et de charbon de bois se font en vertu de marchés passés de gré à gré. Les mémoires sont produits par trimestre et soumis au visa de l'inspecteur du service Matériel.	Voir *Justifications communes*, Fournitures, lettre G, page 73; *De plus :* *1° Pour les fournitures de bois de chauffage :* Procès-verbal du mesurage et de réception de l'inspecteur de la ville de Paris; *2° Pour l'encavement du bois :* État des avances faites, à cette occasion, pour le payement des indemnités dues aux hommes de peine, ledit état portant l'acquit des parties prenantes et visé par le sous-directeur des fonds et de la comptabilité.	
		ART. 4. — Éclairage.	§ 18. Le gaz d'éclairage est fourni par la Compagnie parisienne. Les quantités consommées sont constatées par des compteurs, et le prix, payé par mètre cube, est celui stipulé par l'article 44 du traité passé par la ville de Paris, le 23 juillet 1855, et approuvé par décret du 25 du même mois. La compagnie produit un mémoire trimestriel; les quantités de gaz reçues sont certifiées par l'inspecteur du service Matériel. § 19. L'entretien des appareils d'éclairage par le gaz, l'allumage et l'extinction des becs s'effectuent d'après les conditions d'un marché passé de gré à gré avec un entrepreneur; cette dépense se règle sur mémoire produit trimestriellement. Les mémoires sont visés par l'inspecteur du service Matériel. § 20. Les fournitures de l'huile à brûler et de la bougie stéarique sont l'objet de marchés passés de gré à gré. Ces fournitures sont reçues par l'inspecteur du service Matériel, qui les prend en charge et en tient une comptabilité d'entrée et de sortie. Les mémoires sont produits par trimestre; l'inspecteur du service Matériel les revêt d'un certificat de réception. § 21. Pour la bougie de cire et la chandelle, dont il n'est acheté qu'une faible quantité, il est traité à prix débattus. § 22. Les réparations faites aux lampes du ministère sont payées sur mémoires à prix débattus; les mémoires sont visés par l'inspecteur du service Matériel.	Voir *Justifications communes*, Fournitures, lettre G, page 73.	
			§ 23. L'entretien des lampes du ministère est confié à un lampiste dont les gages, imputés sur le chapitre Iᵉʳ (*Personnel*), figurent sur l'état mensuel des salaires des gens de service de l'Administration. Ces gages sont assujettis aux retenues pour les pensions civiles. (Voir chap. Iᵉʳ, art. 4, § 8, page 82.)	Voir *Justifications communes*, Traitements de l'administration centrale, lettre A, page 69.	
			Il est, en outre, alloué au lampiste, sur les fonds du chapitre II (*Matériel*), une indemnité annuelle destinée à pourvoir au remplacement des verres de lampes brisés et à l'achat de mèches et autres menues fournitures. Cette indemnité n'est pas frappée de retenue; le chiffre en est fixé par une décision du Ministre; elle s'ordonnance mensuellement, à terme échu.	Voir *Justifications communes*, Indemnités périodiques annuelles ou temporaires, lettre D, page 72.	

SECTIONS.	CHAPITRES.	ARTICLES.	ANALYSE DES DIVERS MODES D'ADMINISTRATION, DE COMPTABILITÉ et de payement.	PIÈCES À PRODUIRE AUX COMPTABLES DU TRÉSOR PUBLIC à l'appui des ordonnances de payement.	OBSERVATIONS.
1re SECTION. ADMINISTRATION CENTRALE. (Suite.)	CHAPITRE II. *Matériel.* (Suite.)	ART. 5. Mobilier (Entretien et renouvellement.) — Location d'objets mobiliers. — Entretien du linge.	§ 24. L'entretien du mobilier proprement dit, les travaux et les fournitures de tapisserie se payent sur mémoires vérifiés et réglés au préalable par l'architecte du ministère. Ces mémoires sont produits trimestriellement et visés, après règlement, par l'inspecteur du service Matériel, qui prend en charge, avec mention du numéro d'inscription, les objets de nature à être inventoriés. § 25. Les travaux et fournitures de literie (cardage et épuration de matelas, etc.) se règlent à prix débattus. Les mémoires sont certifiés par l'inspecteur du service Matériel. § 26. Le renouvellement du mobilier a lieu au moyen d'acquisitions faites soit en vertu de marchés passés de gré à gré, soit à prix débattus. L'inspecteur du service Matériel certifie la réception, la prise en charge et l'inscription sur l'inventaire des objets fournis. Les objets dont l'emploi est fréquent ou dont la consommation est prompte et facile, dits *objets de menu mobilier*, sont reçus et pris en charge, s'il y a lieu, par ce même inspecteur, qui en tient, quand besoin est, une comptabilité par entrées et sorties. § 27. Les fournitures d'objets dits de menu mobilier et les travaux de réparation ou autres y afférents (fournitures de porcelaines, verrerie, brosserie, boissellerie, vannerie, quincaillerie, etc.; travaux et fournitures de coutellerie, chaudronnerie, etc.) se règlent, soit en vertu de marchés passés de gré à gré, soit à prix débattus. Les mémoires sont produits par trimestre et soumis au visa de l'inspecteur du service Matériel.		
			§ 28. Les fournitures de cire à frotter sont régies par le même marché que les fournitures de bougies; elles se justifient et se règlent de même.	Voir *Justifications communes*, Fournitures, lettre G, page 73.	
			§ 29. Le remontage et l'entretien des pendules du ministère sont l'objet d'un marché par abonnement passé de gré à gré; pour les menues fournitures y relatives, il est traité à prix débattus. Les mémoires sont produits par trimestre et certifiés par l'inspecteur du service Matériel.		
			§ 30. Les travaux d'emballage et les fournitures de caisses, tant en ce qui concerne l'envoi des présents diplomatiques que pour tous autres envois, se règlent sur mémoires, à prix débattus. Les mémoires sont produits trimestriellement; ils sont certifiés par l'inspecteur du service Matériel (1).		(1) Les travaux et fournitures relatifs à l'envoi des présents se règlent sur le chapitre VIII. (Voir ce chapitre, page 128.)
			§ 31. Les fournitures et travaux de gainerie, de parcheminerie, etc. et les fournitures de sacs en étoffes riches pour traités, etc. à l'usage du bureau du protocole, sont payés sur le chapitre VIII (*Présents diplomatiques*). (Voir ce chapitre, page 128.)		
			§ 32. Les fournitures et travaux de sellerie (fournitures et réparations de portefeuilles, de valises, de sacs de courriers, etc.) sont l'objet d'un marché passé de gré à gré (2). Les mémoires sont produits trimestriellement; ils sont revêtus du visa de l'inspecteur du service Matériel.		(2) Les travaux et fournitures de sellerie relatif au service des courriers se règlent sur le chapitre VI. (Voir ce chapitre, page 112).
			§ 33. Il est traité à prix débattus pour la location des objets mobiliers d'un usage temporaire. Les mémoires sont certifiés par l'inspecteur du service Matériel.		
			§ 34. Les travaux pour l'entretien du linge s'effectuent dans un atelier spécial attenant au ministère; la personne chargée de diriger cet atelier reçoit des appointements annuels imputables sur le chapitre Ier (*Personnel*). (Voir p. 82.)	Voir *Justifications communes*, Traitements de l'administration centrale, lettre A, page 69.	

SECTIONS.	CHAPITRES.	ARTICLES.	ANALYSE DES DIVERS MODES D'ADMINISTRATION, DE COMPTABILITÉ et de payement.	PIÈCES À PRODUIRE AUX COMPTABLES DU TRÉSOR PUBLIC à l'appui des ordonnances de payement.	OBSERVATIONS.
Ire SECTION. ADMINISTRATION CENTRALE. (Suite.)	CHAPITRE II. *Matériel.* (Suite.)	ART. 5. Mobilier. (Entretien et renouvellement.) — Location d'objets mobiliers. — Entretien du linge. — (Suite).	Les journées d'ouvrières se règlent sur états produits mensuellement par la personne préposée à la lingerie et qui comprennent, en outre, avec facture ou mémoire à l'appui, les fournitures de mercerie et autres employées, pendant le mois écoulé, pour les besoins de la lingerie. Il est traité généralement pour ces fournitures à prix débattus; toutefois, les fournitures d'une certaine importance peuvent donner lieu à un marché passé de gré à gré. Les états mensuels de la lingerie, ainsi que les pièces y annexées, sont certifiés par l'inspecteur du service Matériel, qui constate l'exécution des travaux et la réception des fournitures.	Pour les journées d'ouvrières : Voir *Justifications communes*, Salaires, lettre F, page 73. Pour les fournitures : Voir *Justifications communes*, Fournitures, Lettre G, page 73.	
			§ 35. Le blanchissage du linge est l'objet d'un marché passé de gré à gré. Les mémoires sont produits trimestriellement; ils sont visés par l'inspecteur du service Matériel qui constate l'exécution du travail.	Voir *Justifications communes*, Fournitures, Lettre G, page 73.	
		ART. 6. Bâtiments. (Entretien et réparations). — Indemnité allouée à l'architecte.	§ 36. Les travaux d'entretien des bâtiments s'exécutent sous la surveillance de l'architecte du ministère. Les mémoires des entrepreneurs sont produits trimestriellement; ils sont vérifiés et réglés par l'architecte.	Voir *Justifications communes*, Travaux, lettre I, page 77.	
			§ 37. L'architecte du ministère reçoit, sur les fonds du chapitre II, une indemnité dont le chiffre est déterminé par le Ministre. Cette indemnité se règle par mois, à terme échu.	Voir *Justifications communes*, Indemnités périodiques exemptes de retenues, Lettre D, page 72.	
		ART. 7. Assurance des bâtiments et du mobilier.	§ 38. L'assurance des bâtiments et du mobilier des hôtels du ministère contre les risques de l'incendie et de l'explosion du gaz, est l'objet de polices passées avec deux compagnies, chacune pour la moitié de la valeur des locaux et des meubles assurés. Les primes qui en résultent se règlent d'avance, au commencement de l'année, sur mémoires produits par les compagnies.	Copie ou extrait des polices d'assurance (T) et des avenants (T), s'il en a été souscrit; Mémoires (T); Quittances (T) des ayants-droit.	
		ART. 8. Balayage des abords du ministère. — Fournitures d'eau.	§ 39. Le balayage, le bris des glaces et l'arrosement aux abords du ministère, ainsi que les fournitures d'eau, s'effectuent au moyen d'abonnements conclus avec la ville de Paris. Les sommes à payer pour ces abonnements se règlent annuellement et d'avance sur états produits par l'administration de la ville de Paris. Ces états sont certifiés par l'inspecteur du service Matériel.	Ampliation de polices d'abonnement; États annuels; Quittances du trésorier de la ville de Paris.	
		ART. 9. Habillement des gens de service.	§ 40. L'habillement est fourni en nature; l'allocation pour *équivalent de chaussure* est payée en argent. § 41. Les effets d'habillement (vêtements et coiffure) sont l'objet de marchés passés de gré à gré. Les mémoires sont produits chaque fois qu'une commande a eu lieu, en général une fois par an. L'inspecteur du service Matériel certifie la prise en charge des objets d'habillement portés au mémoire. § 42. Les indemnités pour équivalent de chaussures s'ordonnancent par semestre et par avance.	Pour les fournitures : Voir *Justifications communes*, lettre G, page 73. Pour les allocations en argent : Voir *Justifications communes*, Indemnités spéciales, lettre E, page 73.	
		ART. 10. Abonnements aux journaux et aux recueils périodiques français et étrangers pour le service de l'administration centrale.	§ 43. Le prix des abonnements aux journaux et aux recueils périodiques français et étrangers pour le service de l'administration centrale (1) se règle par avance et sur mémoires. Ces mémoires sont produits généralement par trimestre ou par année. § 44. Les recueils périodiques, tels que revues, annuaires, almanachs impériaux, archives diplomatiques, etc. non plus que les bulletins des lois, ne sont inscrits au catalogue, attendu qu'ils sont distribués dans les bureaux et qu'ils entrent dans le service ordinaire de l'Administration.	Voir *Justifications communes*, Fournitures, lettre G, page 73.	(1) Les abonnements pour le service des légations et des consulats se règlent sur le chapitre VII (*Frais de service*). (Voir ce chapitre, page 120).

SECTIONS.	CHAPITRES.	ARTICLES.	ANALYSE DES DIVERS MODES D'ADMINISTRATION, DE COMPTABILITÉ et de payement.	PIÈCES À PRODUIRE AUX COMPTABLES DU TRÉSOR PUBLIC à l'appui des ordonnances de payement.	OBSERVATIONS.
Ire SECTION. ADMINISTRATION CENTRALE. (Suite).	CHAPITRE II. *Matériel.* (Suite).	ART. 10. Abonnements aux journaux et recueils périodiques français et étrangers pour le service de l'administration centrale. — Acquisitions d'ouvrages et de cartes géographiques pour le même service, etc. — (Suite).	§ 45. Les extraits et les feuilles séparées du *Moniteur universel*, fournis au département, sur sa demande spéciale, en dehors des abonnements qu'il a pris, sont payés sur mémoires. L'inspecteur du service Matériel constate la réception des numéros et extraits fournis. § 46. Les ouvrages dont il est fait acquisition pour le service de l'administration centrale (1) sont inscrits, soit au catalogue du dépôt, soit au catalogue des archives, et le prix en est réglé sur mémoires. Ces mémoires portent un certificat de réception des ouvrages qui y figurent et la mention du numéro d'inscription de ces ouvrages sur l'un des deux catalogues précités. Le certificat de réception et d'inscription émane du sous-directeur des fonds et de la comptabilité ou de son délégué, lorsqu'il s'agit d'ouvrages ressortissant au dépôt du ministère; si les ouvrages sont destinés à la bibliothèque des archives, c'est le bibliothécaire de cette direction qui donne le certificat. § 47. Le prix des cartes géographiques fournies au département est réglé sur mémoires produits par semestre. Le géographe du ministère constate la réception et l'inscription de ces cartes au catalogue spécial qu'il tient à cet effet. § 48. Les numéros détachés du Bulletin des lois nécessaires au service du département, en dehors des exemplaires régulièrement fournis par le ministère de la justice, sont payés sur mémoires, à l'Imprimerie impériale, qui en fait la livraison. L'inspecteur du service Matériel constate la réception des numéros figurant au mémoire.	Voir *Justifications communes*, Fournitures, lettre G, page 73.	(1) Les ouvrages destinés à l'école des jeunes de langues se payent sur les fonds du chapitre III (voir ce chapitre, page 100); ceux qui doivent être offerts en présent sont payés sur le chapitre VIII (voir ce chapitre, page 128).
		ART. 11. Menues dépenses pour le service intérieur.	§ 49. L'inspecteur du service matériel fait l'avance des menues dépenses relatives au service intérieur du ministère. Ces dépenses comprennent les salaires des auxiliaires payés à la journée, ainsi que les frais de transport de colis autres que ceux contenant des présents (2) ou des objets destinés aux résidences politiques et consulaires (3). § 50. Il présente, à la fin de chaque mois, un état de ses avances, appuyé de mémoires et autres pièces justificatives.	Voir, pour les fournitures : *Justifications communes*, lettre G, page 73. Et pour les salaires, lettre F, page 73.	(2) Les frais de transport des colis renfermant des présents s'imputent sur le chapitre VIII. (Voir ce chapitre, page 128). (3) Les frais de transport des colis renfermant des objets destinés aux résidences politiques et consulaires s'imputent sur le chapitre VII. (Voir ce chapitre, page 128).
		ART. 12. Traitement du commis attaché à l'inspection du service Matériel.	§ 51. Le commis attaché à l'inspection du service Matériel reçoit, sur les fonds du chapitre II, une allocation annuelle dont le chiffre est déterminé par le Ministre. Cette allocation est passible des retenues pour le service des pensions civiles; elle s'ordonnance par mois, à terme échu.	Voir *Justifications communes*, Allocations fixes sujettes à retenues, lettre C, page 71.	
		ART. 13. Indemnités de logement attribuées aux huissiers.	§ 52. Les indemnités de logement attribuées aux huissiers du ministère sont imputées sur le chapitre II. Ces indemnités, non passibles de retenues, se règlent en fin d'année.	Voir *Justifications communes*, Indemnités périodiques annuelles ou temporaires, lettre D, page 72.	
			IIe SECTION. TRAITEMENTS DES AGENTS DU SERVICE EXTÉRIEUR. **CHAPITRE III.** TRAITEMENTS DES AGENTS POLITIQUES ET CONSULAIRES.		
IIe SECTION. TRAITEMENTS DES AGENTS DU SERVICE EXTÉRIEUR.	CHAPITRE III. *Traitements des agents politiques et consulaires.*	ART. 1er. Mode d'ordonnancement des traitements des agents politiques et consulaires. — Mouvements du personnel du service extérieur.	§ 53. Les traitements des agents politiques et consulaires sont liquidés d'office et par trimestre, à terme échu, pour les agents notoirement en exercice; lorsque la position d'un agent est douteuse, on ajourne le règlement de son traitement, et ce règlement s'opère ultérieurement, sur ordonnance individuelle.	Voir *Justifications communes*. Traitements des agents politiques et consulaires, lettre B, page 70.	

SECTIONS.	CHAPITRES.	ARTICLES.	ANALYSE DES DIVERS MODES D'ADMINISTRATION, DE COMPTABILITÉ ET DE PAYEMENT.	PIÈCES À PRODUIRE AUX COMPTABLES DU TRÉSOR PUBLIC à l'appui des ordonnances de payement.	OBSERVATIONS.
IIe SECTION. — TRAITEMENTS DES AGENTS DU SERVICE EXTÉRIEUR. (Suite.)	CHAPITRE III. — *Traitements des agents politiques et consulaires.* (Suite.)	ART. 1er. — Mode d'ordonnancement des traitements des agents politiques et consulaires. — Mouvements du personnel du service extérieur. — (Suite.)	§ 54. Pour mettre la direction des fonds et de la comptabilité en mesure d'ordonnancer, en connaissance de cause, les traitements des agents du service extérieur, tout chef de poste, titulaire ou intérimaire, est tenu d'adresser au département, par lettre spéciale sous le timbre de la direction précitée, et quinze jours au moins avant l'expiration de chaque trimestre, un état du personnel de son poste, relatant les mouvements et les mutations qui ont eu lieu depuis le commencement du trimestre (circulaires des 12 janvier et 14 avril 1855.) Il doit, en outre, donner avis, aussitôt le fait accompli, des arrivées et des départs des divers agents composant le personnel de la mission. (Circulaire du 2 décembre 1863, rappelant des prescriptions antérieures.) § 55. La proportion des retenues à exercer sur les traitements des agents politiques et consulaires est indiquée au chapitre du personnel de l'administration centrale. Le traitement de l'auditeur de Rote à Rome n'est pas passible des retenues pour les pensions civiles.	Voir *Justifications communes*, Traitements des agents politiques et consulaires, lettre B, page 70.	
		ART. 2. — Avances de traitement.	§ 56. Les avances de traitement sont régularisées par une ordonnance définitive qui établit la position de l'agent et règle son droit au traitement dans un décompte où l'avance faite est toujours précomptée. Cette régularisation s'opère constamment dans l'année qui a supporté l'avance. L'ordonnance de décompte doit rappeler le numéro et la date de l'ordonnance d'avance. § 57. Lorsque la portion de traitement à laquelle un agent a droit et qui sert de matière au décompte est inférieure à l'avance qui a été faite à ce même agent, il est tenu de reverser la différence au Trésor. § 58. En cas de décès, et lorsque le décompte fait ressortir un débet, la succession est mise en demeure, s'il y a lieu, de reverser au Trésor.		
		ART. 3. — Agents en congé, agents retenus à Paris par ordre, agents appelés à Paris par ordre, agents intérimaires, etc.	§ 59. Les agents politiques et consulaires, absents par congé, jouissent de la moitié de leur traitement à compter du lendemain du jour où ils quittent leur résidence jusqu'au jour où ils reprennent leurs fonctions. § 60. La durée réglementaire du congé ne peut excéder quatre mois pour les agents qui résident en Europe et six mois pour ceux qui sont placés hors du territoire européen. Le temps du voyage d'aller et retour n'est pas compris dans la durée du congé. § 61. Lorsqu'un emploi est sans titulaire ou que le titulaire est absent de son poste, la jouissance d'une partie du traitement et des émoluments attachés à cet emploi peut être accordée à toute personne appelée à remplir l'intérim, laquelle supporte alors les charges inhérentes au titre de l'emploi : néanmoins, les retenues pour le service des pensions civiles ne sont exercées qu'autant que l'intérimaire fait partie d'une classe d'agents soumis au régime de ces retenues. § 62. La portion du traitement du titulaire attribuée aux intérimaires est du quart pour les chargés d'affaires (1) et de la moitié pour les gérants de postes consulaires et pour tous les autres agents remplissant par intérim des fonctions rétribuées. § 63. Le quatrième quart du traitement, disponible par suite du congé d'un chef de mission politique, est ordonnancé, en fin d'exercice, au profit du service des pensions civiles. Il en est de même de la moitié disponible du traitement des titulaires de postes ou de fonctions consulaires en congé, lorsqu'il n'y a pas d'intérimaires.	Ordonnance délivrée au nom du receveur central de la Seine; État nominatif approuvé par le Ministre et indiquant la durée du congé d'où résulte la bonification; la quotité du traitement annuel et la somme à verser, sur chaque traitement, à la caisse des pensions civiles.	(1) Dans certains cas tout à fait exceptionnels, la moitié du traitement du titulaire d'un poste diplomatique peut être alloué au chargé d'affaires, sur la proposition qui en est faite au Chef de l'État par le Ministre. En pareil cas, il y a lieu de produire au Trésor une ampliation certifiée du décret qui accorde le demi-traitement.

SECTIONS.	CHAPITRES.	ARTICLES.	ANALYSE des divers modes d'administration, de comptabilité et de payement.	PIÈCES à produire aux comptables du trésor public à l'appui des ordonnances de payement.	OBSERVATIONS.
IIe SECTION. TRAITEMENTS DES AGENTS DU SERVICE EXTÉRIEUR. (Suite.)	CHAPITRE III. *Traitements des agents politiques et consulaires.* (Suite.)	ART. 3. — Agents en congé, agents retenus à Paris par ordre, agents appelés à Paris par ordre, agents intérimaires, etc. (Suite.)	§ 64. L'agent titulaire d'une résidence consulaire, appelé momentanément à faire l'intérim d'un autre poste, reçoit la moitié de chacun des traitements affectés à ces deux postes. § 65. Les chefs de mission diplomatique peuvent obtenir, chaque année, un congé ou une autorisation d'absence de quinze jours, avec jouissance de leur traitement intégral. Cette période de quinze jours, sans aucune retenue de traitement, comprend la durée du voyage d'aller et retour. § 66. Toutes les fois que les chefs de poste politique, après avoir demandé et obtenu un congé de quinze jours, prolongent leur absence au delà de ce terme, ils perdent le bénéfice du paragraphe qui précède, et les chargés d'affaires qui les remplacent reçoivent le quart du traitement des titulaires à dater du jour qui suit le départ de ces derniers. § 67. Les chefs de mission diplomatique appelés à Paris par ordre conservent la jouissance de leur traitement intégral, si leur absence n'excède pas quinze jours; si leur absence dépasse quinze jours, ils n'ont droit, à dater du seizième jour et jusqu'au terme de leur voyage qu'aux trois quarts de leur traitement. § 68. Les secrétaires de légation mis à la disposition du département reçoivent la totalité de leur traitement. § 69. Les agents du service extérieur appelés à une autre résidence et qui, avant de se rendre à leur nouveau poste, sont retenus à Paris par ordre, ont droit au demi-traitement de ce poste, et peuvent même, si ce demi-traitement n'est pas disponible, recevoir la moitié du traitement affecté à leur ancienne résidence; mais, dans le cas où ni l'un ni l'autre de ces traitements ne sont vacants, les agents dont il s'agit ne peuvent prétendre à aucune espèce d'indemnité équivalente. § 70. Ont droit à la moitié de leur traitement les agents diplomatiques et consulaires qui, à l'expiration de leur congé réglementaire, reçoivent l'ordre de rester à Paris pour affaires de service. § 71. Les agents qui s'absentent de leur poste sans congé régulier ou autorisation du Ministre, n'ont droit à aucune portion de leur traitement pendant la durée de leur absence. § 72. Les titulaires de postes situés hors d'Europe ou ceux qui, nommés à des postes d'Europe, résidaient précédemment en dehors du territoire européen et réciproquement, reçoivent, pendant la durée de leur voyage, le demi-traitement de leur nouveau poste, ou, si ce demi traitement n'est pas disponible, la moitié des émoluments affectés à leur ancienne résidence; mais, dans le cas où ni l'un ni l'autre de ces traitements ne sont vacants, les agents dont il s'agit ne peuvent, non plus que ceux qui sont désignés au paragraphe 69, prétendre à aucune espèce d'indemnité équivalente.		
		ART. 4. — Agents obligés, pour cause de guerre ou de force majeure, de quitter leur poste et de rentrer en France.	§ 73. La situation faite aux agents diplomatiques et consulaires obligés, pour cause de guerre ou de force majeure, de quitter le poste dont ils sont titulaires et de rentrer en France, est déterminée par le décret impérial du 26 avril 1854, qui fixe à six mois la durée de la jouissance des traitements spéciaux attribués à ces agents.		

SECTIONS.	CHAPITRES.	ARTICLES.	ANALYSE DES DIVERS MODES D'ADMINISTRATION, DE COMPTABILITÉ et de payement.	PIÈCES À PRODUIRE AUX COMPTABLES DU TRÉSOR PUBLIC à l'appui des ordonnances de payement.	OBSERVATIONS.
		ART. 5. Agents dont les fonctions ont été suspendues pour une cause étrangère au mérite de leurs services, et qui ne sont pas admissibles au traitement d'inactivité.	§ 74. Les agents diplomatiques ou consulaires dont les fonctions ont été suspendues pour une cause étrangère au mérite de leurs services, et qui ne sont pas admissibles au traitement d'inactivité, peuvent, en vertu d'une décision spéciale du Chef de l'État, recevoir la moitié du traitement assigné au poste dont ils sont titulaires, pendant un laps de temps qui, sauf des circonstances particulières sur lesquelles le Gouvernement se réserve de statuer, ne doit pas excéder une année. Cette allocation ne peut être réclamée, par l'agent rappelé, que dans le cas où il n'est pas remplacé et où le traitement de l'emploi continue d'être porté au budget.	Ampliation certifiée du décret rendu par le Chef de l'État.	
		ART. 6. Agents rappelés et retenus en France pour un motif politique sans être autorisés à rompre leur établissement.	§ 75. Lorsqu'un agent rappelé et retenu en France pour un motif politique n'est pas autorisé à rompre l'établissement qu'il a formé dans le lieu de sa résidence officielle, une partie de son traitement peut lui être conservée, en indemnité de ses dépenses obligées, telles que loyer, entretien de mobilier, chevaux, domestiques, etc. Cette quotité ne peut jamais excéder la moitié du traitement pendant les six premiers mois, et, après ce terme, elle est réduite dans les proportions spécifiées par l'ordonnance royale du 27 juillet 1845. Les agents consulaires non compris dans les catégories désignées en la même ordonnance reçoivent le traitement de congé.		
IIe SECTION. TRAITEMENTS DES AGENTS DU SERVICE EXTÉRIEUR. (Suite.)	CHAPITRE III. *Traitements des agents politiques et consulaires.* (Suite.)	ART. 7. Agents accompagnant le souverain auprès duquel ils sont accrédités.	§ 76. Le chef d'une mission diplomatique, autorisé à quitter le lieu de sa résidence officielle pour accompagner le souverain auprès duquel il est accrédité, soit à l'intérieur du pays même, soit en dehors des limites de son territoire, conserve son traitement intégral pendant toute la durée du voyage.		
		ART. 8. Indemnités de logement aux chargés d'affaires.	§ 77. En cas de vacance de l'emploi de chef de mission et lorsque l'ambassadeur ou le ministre a cessé de toucher aucune partie de son traitement, le loyer de la légation est payé par le département, sous forme d'indemnité de logement, au chargé d'affaires. § 78. Cette indemnité est imputée sur le chapitre III. Le chiffre en est fixé par une décision ministérielle, proportionnellement au temps durant lequel le chargé d'affaires a acquitté le loyer de l'hôtel de la légation.	Ordonnances individuelles énonçant le laps de temps auquel s'applique l'indemnité; Copie de la décision qui accorde l'indemnité; Quittance de l'agent ou de son fondé de pouvoirs.	
		ART. 9. Indemnités supplémentaires.	§ 79. Les indemnités supplémentaires allouées aux secrétaires, aux élèves-consuls et aux élèves-interprètes, se règlent par trimestre, à terme échu, par ordonnances individuelles ou collectives. Elles ne sont pas assujetties à retenue pour le service des pensions. § 80. Les agents auxquels ces indemnités supplémentaires sont attribuées n'y ont plus droit lorsqu'ils sont absents de leur poste pour toute autre cause que pour le service.	Voir *Justifications communes*, Indemnités périodiques non sujettes à retenues, lettre D, page 72.	
		ART. 10. Secrétaires expédiés à Paris en courriers, et qui ne retournent pas immédiatement à leur poste.	§ 81. Les secrétaires d'ambassade ou de légation qui sont expédiés à Paris en courriers et qui ne doivent pas retourner immédiatement à leur poste, peuvent recevoir à Paris la totalité de leur traitement pendant trois mois, si le ministre n'a pas disposé de la moitié de ce traitement en faveur d'un attaché qui, sans avoir de traitement personnel, serait chargé de suppléer le secrétaire absent.		

SECTIONS.	CHAPITRES.	ARTICLES.	ANALYSE DES DIVERS MODES D'ADMINISTRATION, DE COMPTABILITÉ et de payement.	PIÈCES À PRODUIRE AUX COMPTABLES DU TRÉSOR PUBLIC à l'appui des ordonnances de payement.	OBSERVATIONS.
		ART. 10. — Secrétaires expédiés à Paris en courriers et qui ne retournent pas immédiatement à leur poste. (Suite.)	§ 82. Lorsqu'en vertu d'une autorisation ministérielle, un secrétaire expédié en courrier prolonge son séjour en France plus de trois mois, il ne peut recevoir alors que le traitement de congé, à moins qu'il ne soit retenu à Paris par ordre et chargé d'un travail spécial.		
		ART. 11. — Secrétaires-interprètes à Paris.	§ 83. Les traitements des secrétaires-interprètes résidant à Paris se règlent par trimestre ou par mois, à terme échu, sur ordonnances collectives ou individuelles. Ces traitements sont frappés de la retenue pour le service des pensions civiles.	Voir *Justifications communes*, Traitements des agents politiques et consulaires, lettre B, page 70.	
			§ 84. Le prix de la pension des élèves de l'école des jeunes de langues au lycée Louis-le-Grand et au lycée du Prince-Impérial est payé par trimestre, pour le trimestre échéant, sur états nominatifs certifiés par l'économe du lycée, et visés par le proviseur. § 85. Les avances ou fournitures faites aux mêmes élèves par l'administration du lycée sont remboursées sur états trimestriels, lesquels sont certifiés et visés comme les précédents.	États trimestriels nominatifs, certifiés et visés comme il est dit ci-contre; Quittance de l'économe du lycée.	
IIᵉ SECTION. — TRAITEMENTS DES AGENTS DU SERVICE EXTÉRIEUR. (Suite.)	CHAPITRE III. — *Traitements des agents politiques et consulaires.* (Suite.)	ART. 12. — École des jeunes de langues.	§ 86. Les avances faites pour le service de l'école des jeunes de langues par le secrétaire-interprète remplissant les fonctions d'administrateur auprès de cette école, se règlent trimestriellement, sur états certifiés par cet administrateur, et appuyés, si besoin est, de pièces justificatives.	États trimestriels, certifiés et visés comme il est dit ci-contre; Pièces justificatives, s'il y a lieu; Quittance de l'administrateur de l'école.	
			§ 87. Les dictionnaires et autres ouvrages dont il est fait acquisition pour le service de l'école des jeunes de langues sont inscrits au catalogue; le sous-directeur des fonds et de la comptabilité, ou son délégué, certifie la réception de ces ouvrages et l'usage auquel ils sont destinés. Le prix en est réglé sur mémoires.	Voir *Justifications communes*, Fournitures, lettre G, page 73.	
			§ 88. Le traitement du professeur-adjoint auprès de l'école des jeunes de langues se règle par trimestre, à terme échu, sur ordonnances individuelles. Ce traitement est assujetti à retenue pour le service des pensions civiles.	Voir *Justifications communes*, Traitements des agents politiques et consulaires, lettre B, page 70.	
			§ 89. Les élèves de l'école des jeunes de langues reçoivent, au moment où ils sont nommés élèves-drogmans et attachés à un poste d'Orient, une indemnité de 1,000 francs pour le trousseau d'usage (1).	Voir *Justifications communes*, Indemnités spéciales, lettre E, page 73.	(1) Une indemnité de même nature et d'un chiffre égal est allouée aux élèves-interprètes en Chine au moment de leur départ pour leur résidence.
		ART. 13. — Agent du département des affaires étrangères à Marseille.	§ 90. Le traitement attribué à l'agent du département des affaires étrangères à Marseille est payé par trimestre, pour le trimestre échéant, sur ordonnances individuelles. Ce traitement est assujetti à l'exercice des retenues pour les pensions. Les règles qui concernent les traitements consulaires lui sont applicables.	Voir *Justifications communes*, Traitements des agents politiques et consulaires, lettre B, page 70.	
		ART. 14. — Médecin attaché à la légation de France en Chine.	§ 91. Le traitement du médecin attaché à la légation de France en Chine est réglé par trimestre à terme échu. Il est soumis aux règles qui régissent les traitements consulaires.	Ordonnances individuelles; Quittance du médecin ou de son fondé de pouvoirs.	

SECTIONS.	CHAPITRES.	ARTICLES.	ANALYSE des divers modes d'administration, de comptabilité et de payement.	PIÈCES à produire aux comptables du trésor public, à l'appui des ordonnances de payement.	OBSERVATIONS.
IIe SECTION. — TRAITEMENTS DES AGENTS DU SERVICE EXTÉRIEUR. (Suite.)	CHAPITRE IV. — *Traitements des agents en inactivité.*	ARTICLE UNIQUE.	CHAPITRE IV. TRAITEMENTS DES AGENTS EN INACTIVITÉ. § 92. Les traitements des agents en inactivité sont réglés tous les trois mois, à terme échu, par des ordonnances collectives appuyées d'un état nominatif. Cet état fait connaître le droit de l'agent au traitement d'inactivité et la durée de la jouissance de ce traitement, qui est soumis aux mêmes retenues que les traitements d'activité. § 93. L'ordonnance royale du 22 mai 1833 a déterminé les conditions de l'inactivité; les dispositions de cette ordonnance ont été complétées, en ce qui touche les drogmans, par celle du 27 avril 1836, et, en ce qui concerne les agents vice-consuls, par le décret du 12 décembre 1861 (1).	Ordonnances collectives ou individuelles; En cas d'ordonnances collectives, états nominatifs approuvés par le Ministre; Quittances des ayants-droit ou de leurs fondés de pouvoirs.	(1) Voir, en outre, un rapport approuvé par l'Empereur, en date du 26 octobre 1865, qui élève le chiffre des traitements d'inactivité attribués à certaines catégories d'agents.
IIIe SECTION. — DÉPENSES VARIABLES.	CHAPITRE V. — *Frais d'établissement.*	ARTICLE UNIQUE.	IIIe SECTION. DÉPENSES VARIABLES. CHAPITRE V. FRAIS D'ÉTABLISSEMENT. § 94. Tous les chefs de poste diplomatique ou consulaire, sauf les agents vice-consuls ou les sous-agents consulaires, ont droit à des frais d'établissement. Les frais d'établissement sont uniformément fixés au tiers du traitement annuel attribué à l'agent. Ce traitement est toujours indiqué dans l'ordonnance qui règle les frais d'établissement. § 95. L'indemnité de frais d'établissement s'acquiert par trois années de résidence. Dans les comptes à intervenir, chaque mois représente un trente-sixième; les fractions de mois sont comptées pour un mois entier en faveur de l'agent. (Décret du 20 février 1852.) § 96. L'ordonnance qui règle les frais d'établissement doit indiquer la date de la nomination de l'agent au poste qu'il va occuper, et celle de sa nomination au poste dont il était précédemment titulaire. Si l'agent n'appartenait pas antérieurement à l'administration des affaires étrangères, ou bien s'il remplissait des fonctions ne donnant aucun droit à des frais d'établissement, il en est fait mention dans l'ordonnance. § 97. L'indemnité de frais d'établissement représentant une avance faite à l'agent, s'ordonnance au moment du départ de cet agent, pour le poste dont il devient titulaire. § 98. La concession des *seconds frais d'établissement* est l'objet d'un décret rendu sur la proposition du Ministre. § 99. Lorsque le traitement d'un poste est augmenté, le titulaire de ce poste a droit à une nouvelle indemnité de frais d'établissement égale au tiers de l'augmentation. Cette indemnité supplémentaire est soumise aux mêmes conditions de précompte et de restitution que la première. § 100. Les conditions de précompte et de restitution, ainsi que les autres règles qui régissent les frais d'établissement, sont déterminées par le décret du 20 février 1852.	Ordonnances individuelles portant décompte, s'il y a lieu; A l'appui des ordonnances de seconds frais d'établissement: ampliation du décret qui les concède; Quittances des agents ou de leurs fondés de pouvoirs.	

SECTIONS.	CHAPITRES.	ARTICLES.	ANALYSE DES DIVERS MODES D'ADMINISTRATION, DE COMPTABILITÉ et de payement.	PIÈCES À PRODUIRE AUX COMPTABLES DU TRÉSOR PUBLIC à l'appui des ordonnances de payement.	OBSERVATIONS.
IIIe SECTION. — DÉPENSES VARIABLES. (Suite.)	CHAPITRE VI. — Frais de voyages et de courriers.	ART. 1er. — Frais de voyages en poste ou en chemin de fer.	(see text below)	(see text below)	

CHAPITRE VI.

FRAIS DE VOYAGES ET DE COURRIERS.

§ 101. Les frais de voyage alloués aux agents du département des affaires étrangères pour les parcours en poste ou en chemin de fer, sont tarifés, selon le grade, dans les proportions suivantes :

GRADES DES AGENTS.	1re CATÉGORIE. — VOYAGES D'AGENTS se rendant pour la première fois à leur résidence officielle, ou la quittant définitivement. — Allocations par myriamètre pour parcours		2e CATÉGORIE. — VOYAGES DE SERVICE (c'est-à-dire, voyages d'agents se déplaçant temporairement de leur poste pour affaires de service.) — Allocations par myriamètre pour parcours	
	en poste.	ou chemin de fer.	en poste.	ou chemin de fer.
Ambassadeurs	30f 00c	24f 00c	20f 00c	14f 00c
Envoyés extraordinaires et ministres plénipotentiaires	22 00	18 00	16 00	10 00
Secrétaires de 1re, 2e et 3e classe	10 00	8 00	9 00	4 50
Consuls généraux	16 00	12 80	12 00	7 00
Consuls de 1re classe	12 50	10 00	10 00	5 50
Consuls de 2e classe	12 00	9 50	9 50	5 00
1er drogman, secrétaire-interprète et 2e drogman de l'ambassade de France à Constantinople; 1ers drogmans de consulats généraux et de missions diplomatiques; chanceliers de missions diplomatiques revêtus du titre de consul honoraire	10 00	8 00	9 00	6 50
Élèves-consuls; Agents consulaires; Drogmans et chanceliers autres que ceux désignés ci-dessus	9 00	6 40	9 00	4 50

(Tarif du 30 septembre 1859.)

§ 102. Les allocations myriamétriques de la première catégorie comprennent tous les frais quelconques (frais de parcours, de transport de bagages, etc.) auxquels les agents ont à pourvoir, pendant le voyage, tant pour eux que pour leur famille et pour leurs gens.

§ 103. Les voyages de la deuxième catégorie, lorsqu'ils n'ont pas été préalablement prescrits ou autorisés, ne peuvent être entrepris par les agents que sous leur responsabilité, et le remboursement, par le département, de la dépense qu'ils occasionnent, ne peut être accordé que lorsque la nécessité de ces voyages de service a été constatée. (Circulaire du 19 mai 1859.)

§ 104. Les frais de voyage, en poste ou en chemin de fer, des agents non spécifiés dans le tableau ci-dessus sont réglés, par myriamètre, d'après le taux spécialement fixé par une décision ministérielle.

§ 105. Les voyages en chemin de fer et en poste sont liquidés d'office.

Pièces à produire :

Ordonnances individuelles ou collectives énonçant la nature du voyage, les divers modes de parcours, les distances parcourues, le taux des allocations myriamétriques;

En cas d'ordonnances collectives, états nominatifs approuvés par le Ministre;

Si l'agent n'est pas un de ceux qui figurent dans le tableau ci-contre, copie de la décision ministérielle qui fixe le taux par myriamètre d'après lequel les frais de voyage ont été réglés;

Quittances des agents ou de leurs fondés de pouvoirs.

SECTIONS.	CHAPITRES.	ARTICLES.	ANALYSE DES DIVERS MODES D'ADMINISTRATION, DE COMPTABILITÉ et de payement.	PIÈCES À PRODUIRE AUX COMPTABLES DU TRÉSOR PUBLIC à l'appui des ordonnances de payement.	OBSERVATIONS.
IIIe SECTION. DÉPENSES VARIABLES. (Suite.)	CHAPITRE VI. *Frais de voyages et de courriers.* (Suite.)	ART. 2. Frais de voyages remboursables directement aux agents sur pièces justificatives.	§ 106. Les dépenses afférentes aux voyages exécutés, soit par mer ou par navigation fluviale, soit par terre dans des pays qui exigent des moyens spéciaux du transport, sont remboursables aux agents sur état et pièces probantes. § 107. L'état général des dépenses d'un voyage doit être envoyé au département *en double expédition* et appuyé de pièces justificatives, c'est-à-dire, autant que possible, des reçus des parties prenantes, ou, à défaut, de déclarations motivées. Ces dernières pièces pourront s'appliquer à plusieurs articles de dépense. § 108. Il est alloué aux agents, sur le montant total de l'état, une bonification de 2 p. 0/0 pour frais de banque et de recouvrement d'avances. § 109. Les frais de séjour restent à la charge des agents, sauf dans les cas de force majeure et lorsque le séjour a été reconnu inévitable; dans ce cas, il peut être tenu compte aux agents de tout ou partie de ces dépenses extraordinaires. (La circulaire du 1er juin 1851 et le modèle d'état qui s'y trouve joint contiennent toutes les dispositions et indications relatives au mode de justification des frais de voyages remboursables sur état et pièces probantes.) § 110. Les états de frais de voyages présentés par les agents sont vérifiés et liquidés dans les bureaux de la comptabilité. Les bordereaux de liquidation doivent contenir : 1° Le nom et la qualité de l'agent qui réclame le remboursement; 2° L'indication sommaire du voyage accompli; 3° L'époque à laquelle le voyage s'est effectué; 4° Le montant total des dépenses faites pour ce voyage et le décompte, s'il y a lieu; 5° La mention, dans une colonne spéciale, de l'état produit par l'agent et du nombre des pièces justificatives annexées. § 111. Les bordereaux de liquidation, après avoir été datés, sont arrêtés par le sous-directeur des fonds et de la comptabilité, qui certifie, en toutes lettres, le montant total de la somme à rembourser. § 112. Les ordonnances peuvent être individuelles ou collectives; en cas d'ordonnances collectives, les divers bordereaux de liquidation sont résumés dans un état nominatif, qui est certifié par le Ministre. § 113. Il peut être alloué aux agents, avant leur départ, un à-compte sur les frais de voyage; dans ce cas, il y a lieu de déduire ultérieurement, sur le bordereau de liquidation, l'à-compte du montant total de la dépense, en ayant soin d'indiquer le numéro et la date de l'ordonnance d'à-compte. § 114. Si, contrairement aux prévisions, le voyage ne s'effectue pas, l'à-compte doit être reversé au Trésor et l'ordonnance annulée. Dans le cas où le total des dépenses justifiées n'atteint pas le montant de l'à-compte, la différence non acquise est également reversée au Trésor.	Ordonnances individuelles ou collectives; En cas d'ordonnances collectives, états nominatifs dressés d'après les bordereaux de liquidation et certifiés par le Ministre; Bordereaux de liquidation présentés comme il est dit ci-contre et arrêtés par le sous-directeur des fonds et de la comptabilité; État général des dépenses du voyage dressé par l'agent, dans la forme prescrite par la circulaire du 1er juin 1851, et appuyé des pièces justificatives; Quittances des agents ou de leurs fondés de pouvoirs.	
		ART. 3. Indemnités à forfait pour voyages de service.	§ 115. Il peut être accordé à un agent, pour le couvrir des frais d'un voyage de service, une indemnité *à forfait*, dont le chiffre est fixé par une décision ministérielle.	Ordonnances individuelles ou collectives; Copie de la décision ministérielle; Quittance de l'agent ou de son fondé de pouvoirs.	

SECTIONS.	CHAPITRES.	ARTICLES.	ANALYSE DES DIVERS MODES D'ADMINISTRATION, DE COMPTABILITÉ et de payement.	PIÈCES À PRODUIRE AUX COMPTABLES DU TRÉSOR PUBLIC à l'appui des ordonnances de payement.	OBSERVATIONS.
		ART. 4. Agents voyageant dans un intérêt étranger au service de l'État. Frais de voyages des agents qui, se trouvant en congé, sont appelés à une nouvelle résidence.	§ 116. Les agents, voyageant pour un intérêt autre que celui du service, ne sont pas fondés à réclamer le remboursement de leurs frais de voyage. (Circulaire du 28 février 1856.) § 117. Les agents absents de leur poste en vertu d'un congé, lorsqu'ils sont appelés à une autre résidence, n'ont droit qu'aux frais de leur voyage de Paris à leur nouveau poste; ceux de leur retour en France restent à leur charge personnelle. (Même circulaire que ci-dessus.) § 118. Les agents dont le voyage est motivé par des intérêts étrangers au service de l'État n'ont pas droit au passage gratuit à bord des bâtiments de la marine impériale. (Ordonnance royale du 1er mars 1831, rappelée par la circulaire du 28 février 1856.)		
IIIe SECTION. DÉPENSES VARIABLES. (Suite.)	CHAPITRE VI. *Frais de voyages et de courriers.* (Suite.)	ART. 5. Frais de passage et de transport de colis à bord de paquebots appartenant à des compagnies auxquelles le Gouvernement a imposé un cahier des charges.	§ 119. Les frais de passage des agents à bord des paquebots de la compagnie des Messageries impériales ou de toutes autres compagnies avec lesquelles le Gouvernement aurait conclu un traité se règlent, aux conditions du cahier des charges, soit d'office au nom de l'agent, soit sur la réclamation de la compagnie. § 120. Dans ce dernier cas, il est dressé un bordereau de liquidation auquel sont joints l'état de réclamation et une facture avec les pièces à l'appui; parmi ces pièces, doivent se trouver les ordres d'embarquement délivrés, suivant les cas, soit par les agents du département des affaires étrangères, soit par les commissaires du Gouvernement ou les autorités compétentes. Le bordereau de liquidation est daté et revêtu de l'approuvé du sous-directeur des fonds et de la comptabilité; il sert de base à l'ordonnance. § 121. Les frais de passage, à bord des paquebots, des ecclésiastiques, des religieux et des religieuses, s'imputent, lorsqu'ils sont à la charge du département, sur le chapitre VI (Frais de voyages) et s'ordonnancent, sur la réclamation de la compagnie, d'après le mode indiqué ci-dessus. § 122. Les agents politiques et consulaires se rendant pour la première fois à leur poste officiel ou en revenant définitivement ont droit, en outre de leurs frais de voyage, au remboursement des frais de transport de leur établissement mobilier et de la prime d'assurance, pour les trajets qui ne sont pas réglés par myriamètre, d'après les fixations établies par le tarif ministériel du 30 septembre 1859. Ces frais de transport sont également imputés sur le chapitre VI du budget des affaires étrangères. (Voir, en ce qui concerne tous les autres frais de passage et de transport à la charge du département, le chapitre VII (pour les secours de route aux indigents, etc.), le chapitre VIII (pour le transport des présents diplomatiques) et le chapitre XI (pour les frais de passage d'agents en mission, etc.).	Ordonnance émise au nom des administrateurs de la compagnie; Bordereau de liquidation arrêté par le sous-directeur des fonds et de la comptabilité; État de réclamation et facture (T) produits par la compagnie; Ordres d'embarquement; Quittance (T) des administrateurs de la compagnie. Quittance des armateurs, capitaines, expéditeurs, consignataires ou commissionnaires de roulage; police d'assurance et, autant que possible, connaissement ou lettre de voiture.	
		ART. 6. Frais de table à bord de bâtiments de l'État remboursés à la marine par virement de comptes.	§ 123. Lorsque des agents attachés au service des affaires étrangères ou des personnes voyageant au compte de ce département prennent passage sur les bâtiments de l'État, leurs frais de table sont remboursés à la marine au moyen d'ordonnances de *virement*. La liquidation s'opère sur des états d'avances dressés et produits par cette administration. Les bordereaux de liquidation auxquels se rattachent les états de réclamation et les pièces à l'appui sont arrêtés par le sous-directeur des fonds et de la comptabilité et transmis, avec les ordonnances, au ministère des finances, qui est chargé d'effectuer le virement. § 124. La dépense affecte le chapitre VI (Frais de voyages) lorsqu'il s'agit d'agents autres que ceux en mission, et d'ecclésiastiques ou de religieux. (Voir, en outre, les chapitres VII et XI.)	Ordonnances de virement; Bordereaux de liquidation arrêtés par le sous-directeur des fonds et de la comptabilité; États d'avances produits par l'administration de la marine et pièces à l'appui.	

<table>
<tr><th>SECTIONS.</th><th>CHAPITRES.</th><th>ARTICLES.</th><th>ANALYSE
DES DIVERS MODES D'ADMINISTRATION, DE COMPTABILITÉ
et de payement.</th><th>PIÈCES
À PRODUIRE AUX COMPTABLES DU TRÉSOR PUBLIC
à l'appui
des ordonnances de payement.</th><th>OBSERVATIONS.</th></tr>
<tr><td rowspan="5">IIIe SECTION.
—
DÉPENSES VARIABLES.
(Suite.)</td><td rowspan="5">CHAPITRE VI.
—
Frais de voyages et de courriers.
(Suite.)</td><td>ART. 7.
—
Dispositions diverses.</td><td>§ 125. Sauf décision ministérielle spéciale, il n'est pas alloué de frais de voyages aux attachés diplomatiques non rétribués, non plus qu'aux commis de chancellerie et autres agents auxiliaires.

§ 126. Les agents voyageant pour le service sont tenus de prendre la voie la plus directe et la plus économique, sauf les cas de nécessité de service.

§ 127. Les frais de voyages des agents chargés de missions sont imputables sur le chapitre XI.</td><td>Copie de la décision ministérielle, s'il y a lieu.</td><td></td></tr>
<tr><td>ART. 8.
—
Règlement des frais de courses entre Paris et l'étranger.</td><td>§ 128. Les frais de courses se règlent, soit à forfait, soit d'après les fixations du tarif du 30 septembre 1859.

§ 129. La quotité des allocations à forfait est déterminée par une décision ministérielle.

§ 130. Les fixations du tarif de 1859 sont les suivantes :

<table><tr><th colspan="3">ALLOCATIONS, PAR MYRIAMÈTRE, POUR LES COURSES EFFECTUÉES</th></tr><tr><th>À CHEVAL OU EN VOITURE de poste.</th><th>EN MALLE-POSTE ou en diligence.</th><th>EN CHEMIN DE FER.</th></tr><tr><td>12f 50c</td><td>8f 00c</td><td>4f 50c
(Plus, s'il y a lieu, le remboursement des frais de transport de la voiture d'après le tarif du chemin de fer.)</td></tr></table></td><td>Ordonnances d'à-compte;
Récépissé des courriers;
Ordonnances de solde, portant liquidation et rappelant le numéro et la date de l'ordonnance d'à-compte (1);
Quittances des courriers pour solde;
À l'appui des ordonnances de solde, production des passe-ports, lorsque la course a été effectuée par un courrier;
Lorsqu'une course est réglée pour la première fois à forfait, ou bien lorsque l'indemnité est modifiée, copie de la décision ministérielle qui alloue ou qui modifie l'indemnité.</td><td>(1) Lorsqu'un courrier a reçu un à-compte à l'étranger, il est impossible de relater, sur l'ordonnance de solde, le numéro et la date de l'ordonnance à laquelle donne lieu le remboursement de l'avance, puisque l'ordonnance de solde précède l'ordonnance de remboursement.</td></tr>
<tr><td>Avances faites aux courriers par des agents à l'étranger.</td><td>§ 131. Les courriers reçoivent un à-compte en partant, et ils sont soldés au retour, sur liquidation.

§ 132. Les courriers ne sont autorisés à demander des à-compte à l'étranger que dans les cas très-rares où, par suite d'une circonstance de force majeure, l'à-compte qu'ils ont reçu au moment de leur départ serait insuffisant. Les agents qui font ces avances doivent en informer immédiatement le département, afin que la liquidation de la course puisse s'effectuer au retour du courrier.

§ 133. Les avances faites aux courriers par des agents sont remboursées à ces derniers sur la production du récépissé des courriers; les agents ont droit, en outre, à la bonification d'usage de 2 p. 0/0 pour frais de banque et de recouvrement.</td><td>Ordonnances individuelles;
États d'avances certifiés par les agents qui les ont effectuées et arrêtés par le sous-directeur des fonds et de la comptabilité;
Récépissé des courriers;
Quittances des agents ou de leurs fondés de pouvoirs.</td><td></td></tr>
<tr><td>ART. 9.
—
Dépenses accidentelles faites par les courriers.</td><td>§ 134. Les dépenses accidentelles faites par les courriers doivent être justifiées par des pièces régulières, toutes les fois que la nature de la dépense le comporte.
Elles sont remboursées aux courriers sur l'état de réclamation qu'ils produisent et qui donne lieu à une liquidation.
Le bordereau de liquidation est arrêté par le sous-directeur des fonds et de la comptabilité.</td><td rowspan="2">Ordonnances individuelles;
Bordereaux de liquidation arrêtés par le sous-directeur des fonds et de la comptabilité;
États produits par les courriers;
Pièces justificatives, ou, à défaut, déclaration motivée du courrier;
Quittances des courriers.</td><td rowspan="2"></td></tr>
<tr><td>Transport de leurs voitures laissées sur un point du parcours.</td><td>§ 135. Les frais que les courriers ont à supporter, dans certains cas, pour le transport de leurs voitures qu'ils auraient laissées sur un point de leur parcours, rentrent dans la catégorie des dépenses accidentelles, et il leur en est tenu compte sur pièces justificatives, après liquidation.</td></tr>
</table>

SECTIONS.	CHAPITRES.	ARTICLES	ANALYSE DES DIVERS MODES D'ADMINISTRATION, DE COMPTABILITÉ et de payement.	PIÈCES À PRODUIRE AUX COMPTABLES DU TRÉSOR PUBLIC à l'appui des ordonnances de payement.	OBSERVATIONS.
IIIe SECTION. — DÉPENSES VARIABLES. (Suite.)	CHAPITRE VI. *Frais de voyages et de courriers.*	ART. 10. — Indemnités de frais de séjour.	§ 136. Les courriers dont le séjour, au lieu de leur destination, se prolonge, par nécessité de service et par ordre, au delà de dix jours, ont droit, à partir du onzième jour inclusivement, à une indemnité de 15 francs par jour.	Ordonnances individuelles; Certificat du chef de la mission ou de l'autorité qui aurait retenu les courriers; Quittances des courriers.	
		ART. 11. — Appointements des courriers de cabinet résidant à Paris.	§ 137. Les appointements des courriers de cabinet stationnant à Paris sont payés *directement*, tous les trois mois, à terme échu, sur des ordonnances collectives. § 138. Ces ordonnances sont appuyées d'états nominatifs émargés par les parties prenantes, et établissant les droits de chacune d'elles. § 139. Les courriers de cabinet supportent la retenue pour le service des pensions civiles sur un traitement nominal double de leur traitement réel. Cette disposition, qui a pour objet de tenir compte du supplément d'émoluments que les courriers retirent des frais de course, a été adoptée de concert entre le département des finances et celui des affaires étrangères. (Voir la lettre du ministre des affaires étrangères au ministre des finances en date du 1er février 1854 et la réponse du ministre des finances du 27 dudit mois.)	Voir *Justifications communes*, lettre A, Traitements de l'administration centrale, page 69.	
		ART. 12. — Appointements des courriers stationnant ailleurs qu'à Paris. Frais de courses avancés par les chefs de mission.	§ 140. Les appointements des courriers résidant aux frontières ou à l'étranger sont payés par les chefs de mission qui adressent tous les trois mois, au département, un état spécial et en double expédition de ces sortes d'avances en y comprenant les frais de courses qu'ils ont acquittés. Le montant de ces états s'augmente de la bonification de 2 p. 0/0 allouée pour frais de change et de recouvrement d'avances. Les états sont appuyés des quittances des courriers; ils sont l'objet d'une liquidation et donnent lieu à des ordonnances individuelles ou collectives. (Les frais résultant de l'expédition, par les chefs de mission, de messagers ou estafettes n'ayant pas le caractère de courriers, s'imputent sur le chapitre 7 (Frais de service), à titre de frais de correspondance). (Voir ce chapitre, page 118.)	Ordonnances individuelles ou collectives; Comptes des avances certifiés par les chefs de mission; Quittances des courriers; En cas d'ordonnances collectives, production d'un état approuvé par le ministre; Quittances des agents qui ont fait l'avance ou de leurs fondés de pouvoirs.	
		ART. 13. — Indemnités d'uniformes aux courriers de cabinet.	§ 141. Les courriers de cabinet reçoivent une indemnité annuelle d'uniforme dont le chiffre est fixé par une décision ministérielle, et qui s'ordonnance à l'expiration du 1er semestre.	Voir *Justifications communes*, Indemnités spéciales, lettre E, page 73.	
		ART. 14. — Achats ou réparations de valises et de sacs de courriers.	§ 142. Les achats de valises et de sacs de courriers et les travaux de réparation faits à ces valises ou à ces sacs, se règlent sur mémoires à prix débattus. Ces dépenses s'imputent sur les fonds du chapitre VI (Frais de voyages et de courriers).	Voir *Justifications communes*, Fournitures, lettre G, page 73.	
		ART. 15. — Gages des courriers-facteurs.	§ 143. Les gages des courriers-facteurs attachés à l'administration centrale sont payés tous les mois, à terme échu, sur ordonnances collectives. § 144. Les courriers-facteurs supportent la retenue pour le service des pensions. (Les gratifications mensuelles accordées à des courriers-facteurs et à des gens de service du ministère, pour service extraordinaire relatif au transport des dépêches télégraphiques, s'imputent sur le chapitre VII (Frais de service). (Voir ce chapitre, page 116).	Voir *Justifications communes*, Traitements de l'administration centrale, lettre A, page 69.	
	CHAPITRE VII. *Frais de service.*	ART. 1er. Dispositions générales.	CHAPITRE VII. FRAIS DE SERVICE. § 145. Les frais de service des résidences politiques et consulaires sont liquidés par trimestre, sur un état produit par chaque agent.		

SECTIONS.	CHAPITRES.	ARTICLES	ANALYSE DES DIVERS MODES D'ADMINISTRATION, DE COMPTABILITÉ et de payement.	PIÈCES À PRODUIRE AUX COMPTABLES DU TRÉSOR PUBLIC à l'appui des ordonnances de payement.	OBSERVATIONS.
IIIe SECTION. *DÉPENSES VARIABLES.* (Suite.)	CHAPITRE VII. *Frais de service.* (Suite).	ART. 1er. Dispositions générales. (Suite.)	§ 146. Ces dépenses exécutées pour la plupart à de grandes distances et dans des contrées où les usages se prêtent si difficilement aux formes rigoureuses de notre comptabilité, sont, autant que possible, justifiées par pièces probantes au moment même de l'émission des ordonnances de payement. Dans les différentes localités, et pour toutes les circonstances où l'agent ne peut obtenir ni même demander de quittance, il doit la remplacer par une déclaration, signée de lui, expliquant les motifs qui le mettent dans l'impossibilité absolue de produire cette justification. Cette déclaration, ainsi motivée, figure comme pièce justificative à l'appui de la liquidation. § 147. Les dépenses accidentelles de frais de service et celles, toutes spéciales, qui n'appartiennent qu'à tel ou tel poste, doivent être justifiées par analogie avec les dépenses ordinaires. § 148. Toute pièce en langue étrangère doit toujours être accompagnée de la traduction certifiée. § 149. Toutes les pièces justificatives doivent être visées par l'agent et revêtues, autant que possible, du sceau du poste dont elles émanent. § 150. L'état trimestriel des frais de service doit être dressé sur deux colonnes, qui portent toujours en tête le cours du change d'après lequel la monnaie étrangère a été convertie en francs. § 151. L'Administration étant tenue de produire au Trésor les états de frais de service, ainsi que les pièces de dépenses au moment même de l'émission des ordonnances de remboursement, les agents doivent transmettre ces états de frais de service *en double expédition*, dont l'une reste déposée à la direction des fonds et de la comptabilité du ministère. Cette obligation n'est applicable qu'aux états de frais de service et ne s'étend point aux pièces justificatives des dépenses. § 152. Les états trimestriels de frais de service doivent être certifiés par les agents, et revêtus, autant que possible, du sceau de la mission. § 153. Les services faits pendant l'année qui donne sa dénomination à l'exercice étant seuls considérés comme appartenant à cet exercice, des dépenses relatives à des années ou exercices différents ne peuvent être confondues dans un même état de frais de service. Lorsqu'une dépense faite pendant l'année qui donne sa dénomination à l'exercice est payée dans le courant de l'année suivante, elle ne change pas pour cela d'origine : elle doit figurer dans un état séparé, dont le montant après liquidation, est ordonnancé sur le crédit de l'exercice auquel appartient réellement la dépense. § 154. Les états de frais de service produits par les agents donnent lieu à une liquidation dont les résultats sont consignés dans un bordereau. Sont *réservées* les dépenses qui ne sont pas suffisamment justifiées ou pour lesquelles il n'a été produit aucune justification. Sont *extraites* les dépenses appartenant à un autre chapitre que celui des frais de service ou à un exercice différent de l'exercice auquel s'applique l'état de réclamation; sont également extraites les avances faites pour d'autres ministères ou pour des gouvernements étrangers; Sont *rejetées* les dépenses dont le remboursement n'est autorisé ni par le règlement, ni par une décision ministérielle spéciale, et qui doivent, par conséquent, demeurer à la charge des agents. § 155. Les dépenses composant un même état sont classées, dans la liquidation, en dépenses *personnelles* et *dépenses matérielles*.	États trimestriels, certifiés par les agents revêtus, autant que possible, du sceau de la mission et appuyés des pièces justificatives réglementaires ; Bordereaux de liquidation comprenant les indications spécifiées ci-contre, et approuvés par le sous-directeur des fonds et de la comptabilité ; Ordonnances individuelles ou collectives ; En cas d'ordonnance collective, production d'un état nominatif dressé en la forme indiquée ci-contre et approuvé par le ministre ; Pour les dépenses extra-réglementaires, copie certifiée de la décision ministérielle ; Quittances des ayants droit ou de leurs fondés de pouvoirs.	

SECTIONS.	CHAPITRES.	ARTICLES.	ANALYSE DES DIVERS MODES D'ADMINISTRATION, DE COMPTABILITÉ et de payement.	PIÈCES À PRODUIRE AUX COMPTABLES DU TRÉSOR PUBLIC à l'appui des ordonnances de payement.	OBSERVATIONS.
IIIe SECTION. — DÉPENSES VARIABLES (Suite.)	CHAPITRE VII. *Frais de service.* (Suite.)	ART. 1er. — Dispositions générales. (Suite.)	Les dépenses *personnelles* embrassent la rémunération de tous les services rendus; elles se composent: Des traitements, allocations fixes ou temporaires, frais de culte, gages, salaires, étrennes, donatives d'usage ou éventuelles, secours aux Français, aumônes, loyers, frais de déplacement, frais de bateaux et autres dépenses de même nature. Les dépenses *matérielles* se composent des réparations et de l'entretien des maisons et mobiliers appartenant à l'État, des frais de correspondance, d'entretien de pavillon et d'écusson aux armes de France, d'abonnements aux journaux étrangers, achat de documents pour le service du ministère, frais de copie, traductions, etc. § 156. Les bordereaux de liquidation indiquent le nombre des pièces justificatives, les noms et qualités des agents, le lieu de leur résidence, la période à laquelle s'applique la réclamation, le montant de cette réclamation et enfin la somme allouée après liquidation, divisée, comme il est dit plus haut, en dépenses personnelles et dépenses matérielles. Les bordereaux de liquidation sont datés et revêtus de l'approuvé du sous-directeur des fonds et de la comptabilité. § 157. Les ordonnances de payement sont individuelles ou collectives. Dans ce dernier cas, il est dressé un état nominatif qui comprend tous les bordereaux de liquidation servant de base à l'ordonnance. Cet état est divisé en colonnes qui correspondent aux différentes indications contenues dans le bordereau de liquidation; il ne relate, toutefois que la somme allouée après liquidation. Il est approuvé par le ministre et joint à l'ordonnance de payement. Un règlement spécial, en date du 20 septembre 1838, a réuni et coordonné toutes les dispositions relatives aux frais de service; la circulaire du 12 janvier 1863 a fait revivre plusieurs de ces prescriptions tombées en désuétude. La classification des dépenses de service, les conditions qui les régissent, les justifications auxquelles elles sont soumises, se résument de la manière suivante (1) :	États trimestriels, certifiés par les agents, revêtus, autant que possible, du sceau de la mission et appuyés des pièces justificatives réglementaires; Bordereaux de liquidation comprenant les indications spécifiées ci-contre, et approuvés par le sous-directeur des fonds et de la comptabilité; Ordonnances individuelles ou collectives; En cas d'ordonnance collective, production d'un état nominatif dressé en la forme indiquée ci-contre et approuvé par le ministre; Pour les dépenses extra-réglementaires, copie certifiée de la décision ministérielle. Quittances des ayants droit ou de leurs fondés de pouvoirs.	(1) L'ordre adopté est celui des tableaux analytiques dressés en fin d'exercice.
			§ 158. Les frais de ports de lettres et de paquets ou colis, les abonnements aux boîtes et casiers particuliers du bureau postal, et les étrennes aux facteurs, sont remboursés aux agents comme frais de service.	Bordereau quittancé des directeurs des postes; *Dans les résidences qui n'ont point de bureau de poste, où dont les usages ne se prêtent pas à cette formalité*, un compte, détaillé jour par jour et certifié par l'agent, des lettres reçues et affranchies; Pour les *boîtes à part* : quittances des directeurs des postes; Pour les *étrennes aux facteurs* : déclaration de l'agent.	
			§ 159. Il en est de même des frais de correspondance par voie télégraphique.	Bordereau quittancé des directeurs de stations télégraphiques, ou, à défaut, compte détaillé certifié par l'agent.	
		ART. 2. — Frais de correspondance postale et télégraphique; messagers, voitures, chevaux, bateaux, etc.	§ 160. Les taxes d'affranchissement des lettres que le département adresse à ses agents à l'extérieur, ainsi que les taxes des lettres chargées de port étranger qu'il reçoit, se payent, comme frais de service, sur états mensuels produits par l'Administration des postes. Les ordonnances sont émises au nom de M. le chef du bureau de la caisse de cette administration.	États mensuels produits par l'administration des postes et approuvés par le directeur des fonds et de la comptabilité; Quittances du chef du bureau de la caisse de l'administration des postes.	
			§ 161. Les taxes des dépêches télégraphiques que le département adresse à ses agents à l'étranger s'ordonnancent, par semestre ou par année, à titre de frais de service, sur états dressés par la direction des lignes télégraphiques. Les ordonnances sont délivrées au nom de M. le receveur central du département de la Seine.	États semestriels ou annuels produits par la direction des lignes télégraphiques et approuvés par le directeur des fonds et de la comptabilité du département des affaires étrangères.	
			§ 162. Le département accorde, par semestre, à divers courriers-facteurs et gens de service de l'Administration centrale des gratifications, pour le transport, aux bureaux de transmission, des dépêches télégraphiques qu'il adresse à ses agents à l'étranger. Ces gratifications forment un état collectif que les parties prenantes émargent et que le ministre approuve.	Voir *Justifications communes*, Indemnités spéciales, lettre E, page 73.	

SECTIONS.	CHAPITRES.	ARTICLES.	ANALYSE DES DIVERS MODES D'ADMINISTRATION, DE COMPTABILITÉ et de payement.	PIÈCES À PRODUIRE AUX COMPTABLES DU TRÉSOR PUBLIC à l'appui des ordonnances de payement.	OBSERVATIONS.
IIIe SECTION. — DÉPENSES VARIABLES. (Suite.)	CHAPITRE VII. — *Frais de service.* (Suite.)	ART. 2. — Frais de correspondance postale et télégraphique; messagers, voitures, chevaux, bateaux, etc. (Suite.)	§ 163. Les frais de courriers, de messagers, de guides et d'escortes, sont à la charge du ministère lorsqu'ils ont été nécessités par les besoins du service.	Quittances des parties prenantes et, à défaut, déclaration motivée de l'agent.	
			§ 164. Les frais de bateaux, de voitures et de chevaux sont également supportés par le département, lorsqu'ils sont commandés par un intérêt de service. Dans certaines résidences, les agents rentrent dans les avances de cette nature, au moyen d'indemnités qui leur sont allouées à forfait et dont le chiffre est déterminé par une décision ministérielle.	Quittances des parties prenantes et, à défaut, déclaration motivée de l'agent; Pour les *indemnités à forfait* : copie certifiée de la décision ministérielle qui les concède et, si l'indemnité est allouée à un agent autre que le chef de la mission, quittance de cet agent;	
			§ 165. Les gages des bateliers et des palefreniers dont le département a autorisé l'entretien sont à la charge de l'Administration.	Pour les *gages des bateliers et des palefreniers* : quittances des parties prenantes.	
		ART. 3. — Solde, habillement et chauffage des gardes; entretien du pavillon et de l'écusson; loyers des logements des gardes et prisons.	§ 166. Les frais ordinaires de cette nature sont à la charge du département.	Pour la *solde, l'habillement, l'éclairage et le chauffage des gardes* : attestation du drogman pour chaque espèce de dépense, certifiée par l'agent titulaire du poste; Pour le *loyer du logement des gardes, des prisons et des magasins* : quittances des propriétaires ou déclaration de l'agent; Pour l'*entretien du pavillon et de l'écusson* : factures quittancées des fournisseurs; mémoires acquittés des ouvriers.	
		ART. 4. — Loyers et réparations des hôtels de légations, des maisons consulaires, etc. — Entretien du mobilier des hôtels appartenant à l'État. — Gages des concierges et autres gens de service, etc.	§ 167. Les loyers des maisons d'habitation des agents sont à leur charge. Ils doivent subvenir à l'achat et à l'entretien de leur mobilier.		
			§ 168. Les travaux exécutés pour l'entretien et la réparation des hôtels et autres immeubles appartenant à la France en pays étrangers sont à la charge de l'état. Les grosses réparations de clôture et de toiture des maisons appartenant à l'État, ne peuvent être exécutées, hors le cas d'urgence, sans l'approbation préalable du devis des dépenses par le ministre. L'exécution en est surveillée, soit par un délégué spécial, soit uniquement par l'agent; il est dressé un état de ces travaux et du montant de la dépense; cet état, vérifié et visé par l'agent, est mis à l'appui du compte des frais du service dans lequel la dépense a été comprise.	Devis des grosses réparations, dressé par l'architecte et approuvé par le ministre; État des travaux visé par un délégué spécial et par l'agent, ou, à défaut de délégué, seulement par l'agent, et appuyé des mémoires quittancés des entrepreneurs; Pour les *travaux exécutés au palais de France à Constantinople* : état dressé par l'architecte, certifié par l'ambassadeur et appuyé des mémoires acquittés des entrepreneurs.	
			§ 169. Dans les pays d'Orient où une redevance est due pour l'occupation du terrain sur lequel est édifié un hôtel appartenant à la France, cette redevance ou annuité est remboursée aux agents à titre de frais de service.	Quittance du propriétaire du terrain.	
			§ 170. Il en est de même de la redevance pour les eaux dans certaines résidences d'Orient.	Quittance de l'administration qui perçoit la redevance.	
			§ 171. Les achats d'objets mobiliers destinés aux hôtels que l'État possède à l'étranger et l'entretien du mobilier garnissant ces hôtels sont à la charge du ministère Si ces achats ou ces travaux de réparation doivent s'élever à plus de *mille francs*, l'autorisation préalable du ministre est nécessaire. Les agents se conformeront aux prescriptions de la circulaire du 1er octobre 1848 pour l'inscription des objets mobiliers à l'inventaire du poste.	Mémoires quittancés des fournisseurs et des ouvriers, visés par l'agent, et à Constantinople par l'ambassadeur et par l'architecte de l'ambassade; Pour les *acquisitions et les travaux de réparation dépassant mille francs*, copie de la décision ministérielle qui les autorise. Pour tous les *achats d'objets mobiliers*, certificat d'inscription à l'inventaire.	
			§ 172. Les gages des concierges des habitations appartenant au Gouvernement, ainsi que les salaires des gardiens du mobilier et d'autres agents subalternes de même nature, sont à la charge du ministère. Les gages de tous les autres domestiques sont payés par les agents.	Quittances des parties prenantes ou déclaration motivée de l'agent.	

SECTIONS.	CHAPITRES.	ARTICLES.	ANALYSE DES DIVERS MODES D'ADMINISTRATION, DE COMPTABILITÉ et de payement.	PIÈCES À PRODUIRE AUX COMPTABLES DU TRÉSOR PUBLIC à l'appui des ordonnances de payement.	OBSERVATIONS.
IIIe SECTION. — DÉPENSES VARIABLES. (Suite.)	CHAPITRE VII. — *Frais de service.* (Suite.)	ART. 5. — Allocations à des drogmans auxiliaires, interprètes, traducteurs, etc.	§ 173. Les allocations que reçoivent, sur le chapitre des frais de service, les drogmans auxiliaires, traducteurs, interprètes, etc. doivent être concédées par une décision ministérielle. Ces allocations sont payées trimestriellement et à terme échu par les chefs de poste (1), qui comprennent ces avances dans leurs états de frais de service, en ayant soin d'appuyer leur réclamation du reçu des parties prenantes.	Copie certifiée de la décision ministérielle qui accorde l'allocation; Quittance des parties prenantes.	(1) Les allocations attribuées aux agents auxiliaires peuvent être payées directement par le ministère. Elles le sont notamment lorsqu'elles sont soumises à l'exercice de la retenue pour les pensions civiles.
		ART. 6. — Journaux, documents, renseignements, frais de reliure, frais d'annonces, etc.	§ 174. Les abonnements aux journaux étrangers et les documents nécessaires au service sont payés par le département.	Pour les journaux, quittances des bureaux d'abonnement, ou quittance du libraire, ou déclaration motivée de l'agent. Pour les documents statistiques ou commerciaux, quittances des parties prenantes ou déclaration motivée de l'agent.	
			§ 175. Les abonnements au *Moniteur universel*, pour le service des résidences politiques et consulaires qui sont admises à recevoir la feuille officielle, sont à la charge du département. Le prix de ces abonnements s'ordonnance, par trimestres payables d'avance, au nom du propriétaire-gérant du *Moniteur*.	Voir *Justifications communes*, fournitures, lettre G, page 73.	
			Quelques abonnements au *Moniteur* sont payés directement, par mesure d'économie, aux offices postaux étrangers, et le prix en est dès lors compris dans les états de frais de service des agents.	Quittances des directeurs de poste ou de leurs délégués.	
			§ 176. Le prix de l'affranchissement des exemplaires du *Moniteur* envoyés par le département aux agents du service extérieur s'ordonnance, par trimestre, au nom du propriétaire-gérant du *Moniteur*, qui en a fait l'avance. L'administration de ce journal produit à cet effet un mémoire trimestriel récapitulatif appuyé d'un bordereau détaillé jour par jour et des feuilles quotidiennes d'affranchissement. Le mémoire est liquidé et arrêté par le directeur des fonds et de la comptabilité, et le montant en est ordonnancé par le ministre.	Mémoire (T) liquidé et arrêté par le directeur des fonds et de la comptabilité; Bordereau détaillé jour par jour; Feuilles quotidiennes d'affranchissement; Quittance (T) du propriétaire gérant du *Moniteur universel*.	
			§ 177. Les frais de reliure nécessités par un intérêt de service sont à la charge du département.	Quittance du relieur.	
			§ 178. Les frais d'annonces sont également remboursés aux agents lorsque ces frais sont faits dans un intérêt de service.	Quittance des bureaux d'annonces ou de tous autres offices de publicité, ou déclaration motivée de l'agent.	
			§ 179. Le prix des renseignements et informations que les agents sont appelés à recueillir pour les besoins du service est payé par le département. Ces renseignements, bien que s'appliquant à des questions commerciales ou de statistique, étant le plus souvent confidentiels, il n'est point possible d'exiger de quittance des personnes qui les ont fournis. Une déclaration motivée de l'agent tient lieu de cette quittance.	Déclaration motivée de l'agent.	
		ART. 7. — Frais de bureau. — Établissement et frais de chancellerie. — Fournitures de bureau chinoises.	§ 180. Les frais de bureau proprement dits sont, en principe, à la charge des agents, de même que les gages des garçons de bureau, à moins qu'ils n'aient été autorisés par une décision formelle, auquel cas ils seraient imputés sur les produits de chancellerie.		
			§ 181. Le département rembourse aux agents, comme frais de service, les achats de mobiliers pour les chancelleries, le prix des réparations faites au mobilier existant, les frais occasionnés par la translation, d'un local à un autre, des archives et du mobilier des chancelleries.	Mémoires quittancés des fournisseurs, ouvriers et entrepreneurs, ou, à défaut, déclaration motivée de l'agent; S'il y a lieu : certificat d'inscription à l'inventaire du mobilier du poste.	
			§ 182. Le département prend à sa charge les acquisitions de timbres, griffes, cachets, tampons, cartons et autres objets de même nature ayant un caractère durable et manifestement exigés par les besoins du service.		

SECTIONS.	CHAPITRES.	ARTICLES.	ANALYSE DES DIVERS MODES D'ADMINISTRATION, DE COMPTABILITÉ ET DE PAYEMENT.	PIÈCES À PRODUIRE AUX COMPTABLES DU TRÉSOR PUBLIC À L'APPUI DES ORDONNANCES DE PAYEMENT.	OBSERVATIONS.
		ART. 7. Frais de bureau. Établissement et frais de chancellerie. Fournitures de bureau chinoises. (Suite.)	§ 183. La plupart des timbres et cachets sont envoyés aux agents par l'administration centrale; ces fournitures faites à prix débattu, s'ordonnancent, sur mémoires, à titre de frais de service; les mémoires sont liquidés et arrêtés par le directeur des fonds et de la comptabilité.	Mémoires (T) du graveur ou du fournisseur; Certificats d'inscription à l'inventaire du mobilier des postes auxquels les timbres sont destinés (1); Quittance (T) du graveur ou du fournisseur.	(1) Ces certificats sont fournis postérieurement à l'ordonnance.
			§ 184. Le loyer des locaux où sont installées les chancelleries peut être remboursé aux agents, mais seulement en vertu d'une autorisation ministérielle.	Quittance du propriétaire; légalisée par l'agent, extrait de l'autorisation ministérielle à l'appui du premier payement.	
			§ 185. Le département tient compte, par exception, aux chefs de missions en Chine des fournitures de bureau chinoises.	Mémoires quittancés des fournisseurs ou déclaration motivée de l'agent.	
			§ 186. Tous les objets mobiliers mentionnés au présent article doivent être inscrits, suivant les dispositions de la circulaire du 1er octobre 1848, à l'inventaire du poste pour lequel ils auront été acquis, et un certificat constatant cette inscription doit être adressé au département à l'appui de la demande de remboursement.		
IIIe SECTION. DÉPENSES VARIABLES. (Suite.)	CHAPITRE VII. *Frais de service.* (Suite.)	ART. 8. Frais de culte. Secours aux évêques, aux établissements religieux, etc.	§ 187. Dans les pays non catholiques, les dépenses que le ministère a jugées nécessaires au culte sont payées comme frais de service. Lorsque ces dépenses ont un caractère de périodicité, elles doivent être autorisées par une décision du ministre.	Quittances des parties prenantes ou déclaration motivée de l'agent; Pour les *dépenses périodiques*, copie certifiée de la décision ministérielle qui les autorise.	
			§ 188. Dans les résidences catholiques, les loyers des bancs d'église, etc. sont payés par les agents.		
			§ 189. Les allocations périodiques et les subventions au clergé, aux congrégations religieuses, etc., les émoluments des chapelains, les gages des gardiens de chapelle, etc. ne s'accordent que par décision ministérielle.	Pour les *allocations périodiques et les subventions dépassant les proportions d'une légère offrande*, copie certifiée de la décision ministérielle qui les concède; Quittances des parties prenantes ou déclaration motivée de l'agent; Pour les *secours et simples offrandes*, déclaration de l'agent; Lorsque les allocations et subventions sont payées directement à Paris, ordonnances individuelles; Copie certifiée de la décision ministérielle; Quittance de la partie prenante ou de son fondé de pouvoirs.	
			§ 190. Il n'est pas besoin d'une autorisation du ministre pour la concession des secours et offrandes au clergé ou aux religieux, lorsque ces secours sont de minime importance et sont accidentels.		
			§ 191. Les allocations et subventions aux évêques, prêtres, religieux, etc. sont payées, soit directement par le ministère, soit indirectement par l'intermédiaire des agents.		
		ART. 9. Dépenses relatives à la célébration de la fête du 15 août.	§ 192. Le département prend à sa charge les frais de célébration religieuse de la fête du 15 août; les frais de représentation ou d'illumination ne sont remboursés qu'en vertu d'une décision spéciale du ministre.	Quittances des parties prenantes ou déclaration motivée de l'agent; Pour les *frais de réception et d'illumination*, décision du ministre.	
		ART. 10. Secours et aumônes.	§ 193. Aucune pension ne peut être accordée sur les frais de service. § 194. Aucun secours annuel ne peut être alloué sans une autorisation préalable du ministre. § 195. En principe général, il ne peut être accordé de secours qu'aux Français indigents qui désirent rentrer dans leur patrie (secours de route) ou qui se trouvent dans l'impossibilité d'y revenir. § 196. La dépense doit toujours être appuyée d'un état spécial indiquant les noms des personnes secourues, leur profession, le lieu de leur naissance et les motifs de leur expatriation.	Pour les pièces à produire, voir la page suivante, 1re accolade.	

SECTIONS.	CHAPITRES.	ARTICLES.	ANALYSE DES DIVERS MODES D'ADMINISTRATION, DE COMPTABILITÉ et de payement.	PIÈCES À PRODUIRE AUX COMPTABLES DU TRÉSOR PUBLIC à l'appui des ordonnances de payement.	OBSERVATIONS.
		ART. 10. Secours et aumônes. (Suite.)	§ 197. Les agents sont tenus de produire le reçu de la personne secourue, lorsque le secours est annuel. Une déclaration de l'agent peut remplacer le reçu de la partie prenante, lorsque le secours est accidentel. Pour les aumônes, la simple énonciation de la dépense suffit. § 198. Les subventions annuelles ou accidentelles aux sociétés de bienfaisance et aux hôpitaux sont imputables sur le chapitre des frais de service. Lorsqu'elles sont annuelles, ce n'est qu'en vertu d'une décision du ministre qu'elles peuvent être concédées. § 199. Les frais d'hôpital payés pour les indigents de l'ordre civil sont à la charge du département.	*Secours et aumônes à des Français de passage :* État indicatif des noms, qualité ou profession, lieu de naissance et destination des personnes secourues. A l'appui des secours proprements dits, reçus des parties prenantes ou déclaration de l'agent. *Secours et aumônes à des Français sédentaires :* État nominatif indiquant les causes qui empêchent ces individus de se rapatrier; A l'appui des secours proprement dits, reçus des parties prenantes ou déclaration de l'agent. *Secours annuels :* Copie certifiée de la décision ministérielle qui les concède; Reçu de la personne secourue. *Subventions aux sociétés de bienfaisance et aux hôpitaux :* Reçus des parties prenantes; Si la subvention est annuelle, copie de la décision ministérielle qui l'accorde. *Frais d'hôpital :* Quittance du directeur de l'hôpital ou de la sœur supérieure.	
IIIe SECTION. DÉPENSES VARIABLES. (Suite.)	CHAPITRE VII. *Frais de service.* (Suite.)	ART. 11. Frais de rapatriement.	§ 200. Le rapatriement des indigents de l'ordre civil est à la charge du ministère de l'intérieur. § 201. Le rapatriement des nationaux qui, à raison de leurs antécédents ou de leur position actuelle, relèvent soit de la Guerre, soit de la Marine, s'effectue au compte de ces départements. § 202. Ces dépenses sont l'objet de bordereaux particuliers, que les agents sont tenus de produire au ministère des affaires étrangères, qui les transmet aux administrations compétentes avec les pièces justificatives à l'appui. Le remboursement s'opère entre les mains du fondé de pouvoirs de l'agent qui a fait l'avance. § 203. Lorsque des indigents, embarqués à la charge du ministère de l'intérieur pour être rapatriés, débarquent dans un port étranger, les frais de leur passage sont à la charge du ministère des affaires étran-étrangères et rentrent dans la catégorie des secours de route. § 204. Lorsque des personnes dénuées de ressources sont, par un motif de santé ou de convenance, rapatriées à une classe autre que la dernière, les dépenses occasionnées par leur rapatriement incombent au ministère des affaires étrangères et s'imputent sur le chapitre des frais de service. Ces rapatriements ne peuvent s'effectuer qu'avec l'autorisation préalable du ministre, sauf les cas d'urgence.	Bordereau de liquidation certifié par le sous-directeur des fonds et de la comptabilité, et appuyé de l'état de réclamation produit soit par le département de la marine, soit par les compagnies de paquebots, soit par l'armateur du navire sur lequel l'indigent a été embarqué; Réquisition d'embarquement délivrée par l'agent; Certificat de débarquement. Bordereau de liquidation certifié par le sous-directeur des fonds et de la comptabilité, et appuyé des pièces justificatives du rapatriement ou, à défaut, de la déclaration de l'agent; Si le rapatriement a lieu par voie de mer, ordre d'embarquement émanant de l'agent; Sauf dans les cas d'urgence, copie de la décision du ministre qui autorise le rapatriement.	
		ART. 12. Indemnités de logement. Indemnités de table et de logement.	§ 205. Il peut être alloué, par décision ministérielle, à des chefs de mission, une indemnité de logement dans les résidences où les loyers sont exceptionnellement onéreux. Ces indemnités s'ordonnancent par trimestre, à terme échu. § 206. Les élèves-consuls résidant à l'étranger peuvent recevoir une indemnité de table et de logement, dont la quotité annuelle est déterminée par une décision du ministre. Ces indemnités s'ordonnancent par trimestre, à terme échu. Les élèves-consuls n'ont droit à l'indemnité qui leur est attribuée qu'autant qu'ils sont à leur poste; ils cessent d'en jouir lorsqu'ils gèrent le consulat auquel ils sont attachés.	Voir *Justifications communes*, Indemnités périodiques exemptes de retenues, lettre D, page 72.	
		ART. 13. Étrennes et donatives.	§ 207. Les donatives ordinaires, faites à des époques fixes, et les donatives accidentelles, faites dans l'intérêt du service et suffisamment justifiées, sont à la charge du département. § 208. Les étrennes sont considérées comme dépenses afférentes à l'année à l'expiration de laquelle on les distribue, ou qui précède le jour de leur distribution. Elles sont, pour cette raison, dites *donatives de fin d'année*.	État certifié par l'agent ou déclaration motivée.	

SECTIONS.	CHAPITRES.	ARTICLES.	ANALYSE DES DIVERS MODES D'ADMINISTRATION, DE COMPTABILITÉ ET DE PAYEMENT.	PIÈCES À PRODUIRE AUX COMPTABLES DU TRÉSOR PUBLIC À L'APPUI DES ORDONNANCES DE PAYEMENT.	OBSERVATIONS.
		ART. 14. Frais de justice.	§ 209. Les frais de justice dans les résidences d'Orient et de l'extrême Orient sont à la charge du ministère; ces frais font l'objet d'un bordereau spécial, dressé et certifié par le drogman-chancelier ou par un des drogmans du poste. Au nombre des frais de justice sont comprises notamment les dépenses occasionnées par la nourriture des détenus justiciables de nos tribunaux consulaires.	Bordereau spécial dressé et certifié par le drogman-chancelier ou par un des drogmans du poste; Pour les *frais de nourriture des détenus*, quittance du directeur de la prison ou déclaration de l'agent.	
		ART. 15. Dépenses extraordinaires et accidentelles. Fêtes et cérémonies.	§ 210. Les dépenses qui ne sont prévues dans aucun des articles précédents sont qualifiées de dépenses extraordinaires; elles sont remboursées aux agents lorsqu'elles ont été commandées par les besoins du service ou nécessitées par une circonstance exceptionnelle, comme, par exemple, le passage d'un souverain, un désastre public, etc. (1). § 211. Les bals, illuminations, dîners, rafraîchissements, etc., à l'occasion des fêtes et cérémonies *ordinaires*, sont à la charge des agents. § 212. Les dépenses pour fêtes et cérémonies *extraordinaires* sont à la charge du ministère, lorsqu'elles ont été préalablement autorisées ou approuvées par lui. Le remboursement a lieu sur un état spécial, appuyé de pièces justificatives, à moins qu'une somme fixe n'ait été allouée à l'agent sous forme d'abonnement ou à forfait.	Bordereau spécial, appuyé des pièces justificatives analogues à chaque espèce de dépense. État spécial, appuyé des pièces justificatives analogues à chaque espèce de dépense, lorsque la totalité des frais n'a pas été autorisée à forfait par le ministère; Copie certifiée de la décision du ministre.	(1) Le département, dans certains cas, tient compte aux agents des dépenses de cette nature au moyen d'indemnités allouées à forfait et imputées sur le chapitre 11 (Missions et dépenses extraordinaires et dépenses imprévues.)
IIIe SECTION. DÉPENSES VARIABLES. (Suite.)	CHAPITRE VII. *Frais de service.* (Suite).	ART. 16. Allocations fixes et indemnités de frais de service attribuées aux agents vice-consuls.	§ 213. Les agents vice-consuls rétribués sur le chapitre des frais de service sont payés, soit directement par le ministère, soit indirectement par les mains des chefs de mission dont ils dépendent. § 214. Dans le premier cas, les allocations ou indemnités s'ordonnancent, à leurs noms, par trimestre, à terme échu. Ces ordonnances sont individuelles ou collectives. § 215. Dans le second cas, le chef de mission qui a fait l'avance produit, de cette avance, un état spécial appuyé du reçu de la partie prenante, et il est délivré, à son profit, une ordonnance de remboursement. § 216. Les agents vice-consuls qui reçoivent des allocations fixes sont soumis à la retenue pour le service des pensions civiles. Ces agents supportent la retenue sur leur allocation fixe et sur une moyenne annuelle de leurs perceptions de chancellerie. § 217. Un certain nombre d'agents consulaires ne touchent que des indemnités de frais de service qui, par leur nature, échappent à l'exercice des retenues pour le service des pensions civiles. § 218. Les allocations fixes et les indemnités de frais de service dont jouissent les agents vice-consuls ne peuvent leur être attribuées que par une décision du ministre.	Voir, pour *les allocations fixes* : *Justifications communes*, allocations fixes soumises à retenues, lettre C, page 71; Et, pour les *indemnités de frais de service* : *Justifications communes*, indemnités périodiques exemptes des retenues, lettre D, page 72.	
		ART. 17. Bonification de 2 p. o/o sur toutes les avances faites pour le service.	§ 219. Les agents ne pouvant recevoir le remboursement des avances faites pour le service qu'au moyen d'une opération de banque qui entraîne un droit de commission, il leur est alloué, pour cet objet, une bonification de 2 p. o/o sur toutes les sommes portées dans leurs états de frais de service.		

SECTIONS.	CHAPITRES.	ARTICLES.	ANALYSE DES DIVERS MODES D'ADMINISTRATION, DE COMPTABILITÉ et de payement.	PIÈCES À PRODUIRE AUX COMPTABLES DU TRÉSOR PUBLIC à l'appui des ordonnances de payement.	OBSERVATIONS.
IIIe SECTION. — DÉPENSES VARIABLES. (Suite.)	CHAPITRE VII. — *Frais de service.* (Suite.)	ART. 18. — Frais de transport, par paquebots, de colis renferment des objets destinés aux résidences politiques et consulaires.	§ 220. Les frais de transport de colis pour le compte du ministère des affaires étrangères, à bord de paquebots des messageries impériales ou de toute autre compagnie, s'imputent sur le chapitre des frais de service, lorsque les colis renferment des objets destinés aux résidences politiques et consulaires (1). § 221. Le remboursement des frais de transport par les voies susindiquées s'opère directement sur état et facture certifiés par les administrateurs des compagnies ou par leurs délégués, et accompagnés de l'ordre d'embarquement délivrés par un agent des affaires étrangères et du reçu du destinataire.	Bordereau de liquidation arrêté par le sous-directeur des fonds et de la comptabilité; État et facture (T) certifiés par les administrateurs de la compagnie ou par leur délégué; Réquisition d'embarquement émanant d'un agent des affaires étrangères; Reçu du destinataire; Quittance (T) des administrateurs de la compagnie ou de leur délégué.	(1) Les frais de transport de colis renfermant des objets intéressant l'administration centrale s'imputent sur le chapitre II (Matériel); les frais occasionnés par le transport des présents diplomatiques sont payés sur les fonds du chapitre VIII.
	CHAPITRE VIII. — *Présents diplomatiques.*	ARTICLE UNIQUE.	CHAPITRE VIII. PRÉSENTS DIPLOMATIQUES. § 222. Ces dépenses, dont la convenance et la nécessité résultent de faits que le ministère ne peut indiquer dans ses ordonnances, sont liquidées sur mémoires. § 223. Les objets destinés aux présents n'étant achetés qu'à l'instant même où le ministre en fait emploi, il n'y a point de prise en charge (2); le département se borne à constater la réception et l'envoi à destination. § 224. On comprend qu'il serait impossible d'exiger du donataire un récépissé quelconque. Il peut d'ailleurs y avoir, dans la plupart des circonstances qui donnent lieu à des présents, un intérêt d'État à ne pas faire connaître la destination précise des libéralités du Gouvernement, et cet intérêt ne doit pas être sacrifié à l'avantage d'un mode particulier de régularisation. § 225. Il est généralement traité de gré à gré pour l'achat des présents. § 226. Outre les présents proprement dits, il y a lieu d'imputer sur le chapitre VIII : Le prix des décorations de la Légion d'honneur destinées à des étrangers de distinction; Les fournitures et travaux de gainerie, de parcheminerie, etc., et les fournitures de sacs en étoffes riches pour traités, etc., à l'usage du bureau du protocole; Le prix de l'emballage des présents, celui des caisses destinées à les contenir et les frais de transport de ces colis.	Pour les fournitures de présents et autres objets afférents au chapitre 8, ainsi que pour les fournitures de caisses et travaux d'emballage : Voir *Justifications communes*, Fournitures, Lettre G, page 73. *Pour le transport des colis renfermant des présents :* Facture (T) liquidée et arrêtée comme il est dit ci-dessus et lettre de voiture (3).	(2) Une exception est faite à cette règle en ce qui concerne les livres et recueils offerts en présent ou destinés à l'être; ces ouvrages sont inscrits sur le catalogue et reçoivent un numéro d'ordre. (3) Si le transport a lieu par voie de mer, le mode de justification est le même que celui qui est indiqué au chapitre VII (art. 18).
	CHAPITRE IX. — *Indemnités et secours.*	ART. 1er. — Indemnités.	CHAPITRE IX. INDEMNITÉS ET SECOURS. § 227. Ces indemnités sont accordées, par décision du ministre, aux agents qui, dans le lieu de leur résidence ou dans le cours d'un voyage de service, ont éprouvé des pertes par des accidents de force majeure. La décision du ministre doit exposer les motifs qui justifient la concession de l'indemnité.	Voir *Justifications communes*, Indemnités spéciales, Lettre E, page 73.	
		ART. 2. — Secours.	§ 228. La concession des secours imputés sur le chapitre IX du budget des affaires étrangères se rattache toujours à des services rendus dans ce département. § 229. Les secours accordés sur les fonds du département sont de deux sortes : 1° Les secours fixes et annuels; 2° Les secours accidentels. § 230. Les secours fixes et annuels s'ordonnancent par trimestre et à terme échu.	Ordonnances collectives; États nominatifs et trimestriels arrêtés par le Ministre; Quittances des parties prenantes ou de leurs fondés de pouvoirs; Certificat de vie lorsque le secours est touché par l'entremise d'un mandataire.	

SECTIONS.	CHAPITRES.	ARTICLES.	ANALYSE DES DIVERS MODES D'ADMINISTRATION, DE COMPTABILITÉ et de payement.	PIÈCES À PRODUIRE AUX COMPTABLES DU TRÉSOR PUBLIC à l'appui des ordonnances de payement.	OBSERVATIONS.
IIIe SECTION. DÉPENSES VARIABLES. (Suite).	CHAPITRE IX. *Indemnités et Secours.* (Suite).	ART. 2. Secours. (Suite).	§ 231. L'état nominatif joint à l'ordonnance du premier trimestre doit indiquer ou rappeler, chaque année, la date de la concession des secours. § 232. Il ne sera produit au Trésor de certificat de vie que dans le cas où le secours serait touché par l'entremise d'un mandataire. § 233. Les secours accidentels sont l'objet d'ordonnances individuelles ou collectives.	Ordonnances collectives; États nominatifs et trimestriels arrêtés par le ministre; Quittances des parties prenantes ou de leurs fondés de pouvoirs; Certificat de vie lorsque le secours est touché par l'entremise d'un mandataire. Ordonnances individuelles ou collectives; Quittances des parties prenantes ou de leurs mandataires; Certificat de vie lorsque le secours est touché par l'entremise d'un mandataire.	
	CHAPITRE X. *Dépenses secrètes.*	ARTICLE UNIQUE.	CHAPITRE X. DÉPENSES SECRÈTES. § 234. La nature de ces dépenses ne comporte aucun développement. § 235. Les ordonnances de payement sont délivrées au nom du ministre et revêtues de son acquit. § 236. En fin d'exercice, ou dans le cas de mutation, le compte des dépenses secrètes est arrêté, et le décret impérial qui l'approuve est transmis au ministre des finances.	Ordonnances au nom du ministre; Acquit du ministre. Ampliation du décret impérial qui approuve le compte des dépenses secrètes.	
	CHAPITRE XI. *Missions et dépenses extraordinaires, et dépenses imprévues.*	ARTICLE UNIQUE.	CHAPITRE XI. MISSIONS ET DÉPENSES EXTRAORDINAIRES ET DÉPENSES IMPRÉVUES. § 237. Les frais de missions extraordinaires sont réglés, soit à forfait au moment du départ, soit au moyen d'une indemnité annuelle ou mensuelle destinée à pourvoir à toutes les dépenses de la mission, soit enfin sur pièces justificatives. § 238. Les allocations à forfait, de même que les indemnités, sont accordées par décision ministérielle. § 239. Les avances auxquelles donnent lieu les missions extraordinaires sont justifiées par une décision du ministre lorsqu'elles ne s'élèvent pas à 20,000 francs, et par un décret impérial toutes les fois qu'elles atteignent ou dépassent cette limite. § 240. Sont payées sur le chapitre XI, les allocations soumises à retenues et les simples indemnités attribuées aux agents chargés, par le ministre, de travaux particuliers ou extraordinaires, aux présidents et aux membres des commissions ressortissant au département des affaires étrangères, aux agents chargés de missions permanentes à l'étranger, etc., etc. Ces diverses allocations et indemnités s'accordent par décision du ministre; elles se règlent par mois ou par trimestre. § 241. Les frais de voyages et de service auxquels peuvent avoir droit les agents chargés de missions, s'imputent sur le chapitre XI et sont liquidés d'après le même mode que les dépenses afférentes aux chapitres VI et VII. (Voir ces chapitres.) § 242. Sont également imputées sur le chapitre des missions, les indemnités de stations navales, les indemnités de dépenses extraordinaires, etc., etc. Ces indemnités sont concédées par décision du ministre. § 243. On classe parmi les dépenses imprévues toutes celles qui, par leur nature, n'appartiennent à aucun autre chapitre du budget. Il serait impossible de préciser d'avance les justifications à produire pour les dépenses imprévues; mais le département ne manque pas de joindre aux ordonnances toutes les pièces justificatives qu'il a cru pouvoir exiger, eu égard à la nature du service et aux usages du pays où la dépense a été faite.	Pour les avances de frais de mission : décision ministérielle ou décret impérial, selon le chiffre de l'avance. Frais de missions extraordinaires. — réglés par abonnement ou à forfait (indemnités et allocations). Pour les allocations soumises aux retenues : voir *Justifications communes*, lettres A et C. (Pages 69 et 71). Pour les indemnités périodiques, exemptes des retenues : voir lettre D. (Page 72). Pour les indemnités allouées à forfait : voir lettre E. (Page 73). — réglés sur pièces. État détaillé, en double expédition, certifié par l'agent. Pièces analogues à la nature des dépenses. Quittances (1) des parties prenantes ou de leurs fondés de pouvoirs. Dépenses extraordinaires et imprévues. Copie de la décision ministérielle ou état et pièces justificatives.	(1) Timbrées s'il y a lieu.

SECTIONS.	CHAPITRES.	ARTICLES.	ANALYSE des divers modes d'administration, de comptabilité et de payement.	PIÈCES à produire aux comptables du trésor public à l'appui des ordonnances de payement.	OBSERVATIONS.
			CHAPITRE XII. LOCATION ET CHARGES ACCESSOIRES DE L'HÔTEL AFFECTÉ À LA RÉSIDENCE DE L'AMBASSADE OTTOMANE.		
		ART. 1er. — Travaux et fournitures.	§ 244. Les travaux et fournitures faits pour le service de l'ambassade ottomane, se justifient d'après le même mode que les dépenses de semblable nature afférents au chapitre II (Matériel). L'ordonnancement a lieu dans les mêmes conditions. § 245. Un inspecteur du matériel de l'hôtel affecté à la résidence de l'ambassade ottomane certifie la réception des fournitures, l'exécution des travaux, et prend en charge des objets susceptibles d'être inventoriés. § 246. Les mémoires d'entrepreneurs sont réglés par l'architecte du ministère, qui perçoit, pour ce règlement, une commission de 5 p. 0/0 sur le montant des mémoires.	Mêmes justifications que pour le chapitre II (Matériel). État (T) présenté par l'architecte; Quittance (T) de l'architecte.	
	CHAPITRE XII. — *Location et charges accessoires de l'hôtel affecté à la résidence de l'ambassade ottomane.*	ART. 2. — Appointements de l'inspecteur du matériel de l'hôtel affecté à la résidence de l'ambassade ottomane.	§ 247. L'inspecteur du matériel de l'hôtel occupé par l'ambassade ottomane reçoit une allocation annuelle soumise à l'exercice des retenues pour les pensions civiles. Cette allocation s'ordonnance par mois, à terme échu.	Ordonnances individuelles; Quittance de l'inspecteur du matériel.	
		ART. 3. — Loyer de l'hôtel occupé par l'ambassade ottomane.	§ 248. Le loyer de l'hôtel affecté à la résidence de l'ambassade ottomane est payé par trimestre et d'avance, aux conditions du bail passé entre le ministre des affaires étrangères et le propriétaire dudit hôtel.	Copie certifiée du bail; quittance du propriétaire.	
		Impositions sur les portes et fenêtres.	§ 249. Lorsque le bail stipule que l'imposition sur les portes et fenêtres sera supporté par le ministère, le montant de cette imposition est remboursé au propriétaire de l'hôtel sur la production de la quittance du receveur des contributions.	Quittance à souche.	
IIIe SECTION. — DÉPENSES VARIABLES. (Suite).		ART. 4. — Assurance des bâtiments et du mobilier.	§ 250. L'assurance du mobilier de l'hôtel de l'ambassade ottomane contre les risques de l'incendie et de l'explosion du gaz est l'objet de polices passées avec deux compagnies, chacune pour la moitié de la valeur des meubles assurés. § 251. Les primes qui en résultent sont à la charge du département des affaires étrangères; elles se règlent d'avance, au commencement de l'année, sur mémoires produits par les compagnies.	Copie ou extrait des polices d'assurance (T) et des avenants (T), s'il en a été souscrit; Mémoires (T); Quittances (T) des ayants droit.	
			CHAPITRE XIII. SUBVENTION ACCORDÉE À L'ÉMIR ABD-EL-KADER.		
	CHAPITRE XIII. — *Subvention accordée à l'émir Abd-el-Kader, et frais accessoires de son séjour.*	ART. 1er. — Payement de la subvention.	§ 252. La subvention accordée par le gouvernement français à l'émir Abd-el-Kader se règle par mois. § 253. Le consul de France au lieu de la résidence de l'émir est chargé, par le département, de verser les quotités mensuelles de la subvention entre les mains d'Abd-el-Kader ou de son fondé de pouvoirs, si l'émir est absent. § 254. Le département ordonnance chaque mois, au nom du même consul, le montant de l'avance que ce consul fera le mois suivant pour le payement de ladite subvention. § 255. Le montant de cette subvention pendant le mois de janvier, et l'avance pour le mois de février, s'ordonnancent en même temps dans le cours de janvier. § 256. Le consul de France chargé de verser à l'émir Abd-el-Kader la subvention dont il s'agit, produit, chaque mois, un état en double expédition, signé de lui et certifié par l'ambassadeur de France à Constantinople, du payement qu'il vient d'opérer; il y joint le reçu d'Abd-el-Kader, avec la traduction dûment certifiée.	Pour les pièces à produire, voir à la page suivante, 1re accolade.	

SECTIONS.	CHAPITRES.	ARTICLES.	ANALYSE DES DIVERS MODES D'ADMINISTRATION, DE COMPTABILITÉ ET DE PAYEMENT.	PIÈCES À PRODUIRE AUX COMPTABLES DU TRÉSOR PUBLIC À L'APPUI DES ORDONNANCES DE PAYEMENT.	OBSERVATIONS.
IIIe SECTION. — DÉPENSES VARIABLES. (Suite.)	CHAPITRE XIII. — *Subvention accordée à l'émir Abd-el-Kader, et frais accessoires de son séjour.* (Suite.)	ART. 1er. — Payement de la subvention. (Suite.)	§ 257. Les frais de change et de recouvrement relatifs à ces avances sont supportés par l'émir. § 258. Si l'émir a quitté momentanément le lieu où il réside et a donné mission à un fondé de pouvoirs de toucher pour lui la subvention, il y a lieu de produire, avec le reçu du mandataire, une copie certifiée de la procuration dont il est muni. § 259. Un des exemplaires de l'état envoyé par le consul qui a fait l'avance est rattaché ultérieurement, avec les pièces justificatives, à l'ordonnance à laquelle il se rapporte. Cet état est préalablement vu et certifié par le sous-directeur des fonds et de la comptabilité.	Ordonnances individuelles émises pour chaque mois (sauf pour janvier), un mois d'avance, au nom du consul chargé de payer la subvention; Quittance du fondé de pouvoirs de ce consul. *Pièces à rattacher ultérieurement à l'ordonnance.* État produit par le consul, signé de lui, visé par l'ambassadeur de France à Constantinople et certifié par le sous-directeur des fonds et de la comptabilité; Reçu de l'émir Abd-el-Kader ou de son mandataire; Lorsque la quittance est donnée par le fondé de pouvoirs de l'émir, copie certifiée de la procuration.	
		ART. 2. — Frais accessoires.	§ 260. Les frais accessoires, tels que subventions extraordinaires à l'émir, allocations à des personnes de sa famille et de sa suite, frais de déplacement, etc. s'imputent sur le chapitre XI et se justifient par décision ministérielle spéciale.	Copie certifiée de la décision ministérielle; Quittance des parties prenantes.	
	CHAPITRE XIV. — *Subvention au fonds commun des chancelleries consulaires.*	ARTICLE UNIQUE.	CHAPITRE XIV. SUBVENTION AU FONDS COMMUN DES CHANCELLERIES CONSULAIRES. § 261. La subvention au fonds commun des chancelleries consulaires s'ordonnance pendant le cours du premier trimestre; l'ordonnance dont le montant est égal à celui du crédit ouvert est délivrée au nom du caissier payeur central du Trésor public qui inscrit cette somme en recette au compte du fonds commun, afin qu'elle soit ultérieurement appliquée au payement des dépenses afférentes au service des chancelleries consulaires.	Ordonnance unique égale au crédit du chapitre; Acquit du caissier payeur central.	
	Dépenses des exercices clos.	ARTICLE UNIQUE.	DÉPENSES DES EXERCICES CLOS. § 262. Les dépenses d'un exercice restant à payer à l'époque de sa clôture sont imputées, jusqu'au terme de prescription quinquennale, sur les fonds du budget de l'année qui est en cours au moment où elles sont acquittées. Les ordonnances délivrées à cet effet sont nominatives; elles doivent rappeler distinctement les années auxquelles se rapportent chaque créance, et indiquer le chapitre du budget auquel ressortirait la dépense si elle n'appartenait pas à un exercice clos. § 263. Le chapitre ouvert au budget des affaires étrangères pour les dépenses d'exercices clos comprend les créances arriérées des différents services. Les dépenses ordonnancées et non payées à la clôture d'un exercice et les créances formant droits constatés qui sont imputés sur des reliquats de crédits disponibles se règlent d'office. Toutes les autres créances d'exercices clos se soldent au moyen de crédits additionnels dont l'ouverture fait l'objet d'un vote législatif. § 264. Le mode d'administration des dépenses d'exercices clos se trouve décrit pour chacune d'elles, selon sa nature, aux différents paragraphes de la présente nomenclature. § 265. Quant aux modes de comptabilité et de payement des mêmes dépenses, ils se résument en ces termes : Constatation de leur montant, par chapitre, dans le compte définitif des dépenses de chaque exercice. Rédaction et production au ministère des finances d'un état nominatif des titulaires de créances et de la somme due à chacun d'eux à l'époque de la clôture des exercices. Rédaction et production d'états nominatifs semblables, en double expédition, pour les créances constatées après la clôture de l'exercice, dans le délai de cinq années depuis son ouverture, à mesure que ces créances ont motivé l'allocation de crédits additionnels. Délivrance d'ordonnances ministérielles de payement, au vu des états nominatifs susmentionnés. § 266. Les ordonnances délivrées sur le chapitre des dépenses d'exercices clos ne sont payables que pendant l'année dont elles portent la date.	Mêmes justifications que pour les dépenses analogues de l'exercice courant.	

SECTIONS.	CHAPITRES.	ARTICLES.	ANALYSE DES DIVERS MODES D'ADMINISTRATION, DE COMPTABILITÉ ET DE PAYEMENT.	PIÈCES À PRODUIRE AUX COMPTABLES DU TRÉSOR PUBLIC À L'APPUI DES ORDONNANCES DE PAYEMENT.	OBSERVATIONS.
III° SECTION. DÉPENSES VARIABLES. (Suite.)	*Dépenses des exercices périmés.*	ARTICLE UNIQUE.	DÉPENSES DES EXERCICES PÉRIMÉS. § 267. Les dépenses d'exercices clos à solder postérieurement à la période quinquennale fixée par l'article 9 de la loi du 29 janvier 1831, et qui, aux termes de l'article 10 de la même loi, se trouvent affranchies de la déchéance, doivent être l'objet de crédits extraordinaires spéciaux qui, d'après l'article 13 de la loi du 3 mai 1842, ne peuvent être ouverts que par une loi. Elles sont rattachées au budget de l'exercice sur lequel ces crédits sont ouverts et où elles forment un chapitre spécial, et les ordonnances délivrées pour leur acquittement demeurent payables jusqu'à la clôture de cet exercice. Le mode d'administration de chacune des dépenses de l'exercice courant est respectivement applicable aux dépenses des exercices périmés. § 268. Les créances des exercices périmés sont, comme celles des exercices clos, l'objet d'états nominatifs (en triple expédition) produits au ministère des finances. (Voir § 265 ci-dessus.) Ces états doivent énoncer les causes qui ont empêché d'opérer l'ordonnancement et le payement avant les délais de déchéance. Ce droit se trouve établi lors de la demande du crédit qui devient l'objet d'une loi spéciale, et il n'y a pas lieu d'en justifier de nouveau, à l'appui de l'ordonnance de payement. § 269. Le délai de prescription étant de six années pour les créances résultant de dépenses ou de services faits hors d'Europe, ces créances appartiennent encore aux exercices clos après l'expiration de la cinquième année; on les inscrit néanmoins, dans ce cas, sur l'état des dépenses des exercices périmés, mais il n'est pas besoin, bien entendu, de fournir les justifications indiquées au paragraphe précédent.	Mêmes justifications que pour les dépenses analogues de l'exercice courant.	

Arrêté à Paris, le 1er octobre 1867.

Le Ministre secrétaire d'État des affaires étrangères,

Signé DE MOUSTIER.

Approuvé :

Signé NAPOLÉON.

MODÈLES

ANNEXÉS AU RÈGLEMENT.

MINISTÈRE
DES
AFFAIRES ÉTRANGÈRES.

NUMÉRO
de
l'ordonnance.

ORDONNANCE DE PAYEMENT.

MODÈLE N° 1.

Article 58 du Règlement.

DÉPENSES DE L'EXERCICE 18 .

DIRECTION DES FONDS
ET
ET DE LA COMPTABILITÉ.

CRÉDIT GÉNÉRAL de *francs accordé par la loi de finances du* *18* .

Chapitre
Article

SERVICE d

Crédit primitif du chapitre.......

TOTAL..............

En vertu de la loi ci-dessus relatée et des crédits de distribution accordés jusqu'à ce jour, le Trésor public payera aux parties prenantes, et pour les motifs indiqués ci-après, les sommes dont le détail suit,

SAVOIR :

PARTIES PRENANTES.	OBJET DU PAYEMENT.	SOMMES à PAYER.	INDICATION DES PIÈCES JUSTIFICATIVES jointes à la présente ordonnance.

TRÉSOR PUBLIC.

N° d'ordre du registre des crédits et ordonnances.

Bordereau n°

Vu par le Directeur du mouvement général des fonds.

Le *18* .

La présente ordonnance, montant à la somme de

délivrée à Paris, le 18 .

Le Ministre des affaires étrangères,

MINISTÈRE
DES
AFFAIRES ÉTRANGÈRES.

DIRECTION DES FONDS
ET DE LA COMPTABILITÉ.

NUMÉRO de l'ordonnance.

N° de la partie prenante dans l'état joint à l'ordonnance.

NOTA. Ce mandat n'est payable au Trésor public qu'à dix jours de date.

EXERCICE 18 .

MODÈLE N° 2.
Article 61 du Règlement.

Visa du Bureau des Oppositions.

CHAPITRE DU BUDGET.

NATURE de la dépense.

EXTRAIT d'une ordonnance de payement délivrée par M. le Ministre secrétaire d'État des affaires étrangères, sous la date de ce jour et sous le numéro indiqué ci-contre, de la somme de

PARTIE PRENANTE.	OBJET DU PAYEMENT.	SOMME À PAYER.	NOMBRE ET DÉTAIL des pièces produites à l'appui du présent extrait.
M. ou son fondé de pouvoirs. M. a déclaré ne posséder aucune des allocations spécifiées dans les lois et décrets relatifs au cumul.			

Pour quittance de la somme ci-dessus:

Paris, le 18 .

La somme de

à laquelle s'élève le présent extrait, est payable par le Payeur central du Trésor public.

Paris le 18 .

Le Directeur de la Comptabilité,

Procuration jointe à l'ordonnance n° , Exercice , Gestion , Chapitre

MINISTÈRE
DES
AFFAIRES ÉTRANGÈRES.

DIRECTION DES FONDS
ET
DE LA COMPTABILITÉ.

N°

EXERCICE 18 .

MODÈLE N° 3.

Article 86 du Règlement.

Porté au journal
de la comptabilité centrale,
article d'ordre.

BORDEREAU portant annulation des sommes non acquittées ou non employées sur les ordonnances du Ministre des affaires étrangères.

CHAPITRES DU BUDGET.		ORDONNANCES.		TITULAIRES des ORDONNANCES DE PAYEMENTS.	SOMMES À ANNULER.	OBSERVATIONS et MOTIFS DES ANNULATIONS.
NUMÉROS.	TITRES.	NUMÉROS.	DATES.			

Arrêté à la somme de

Le Directeur des fonds et de la comptabilité,

Paris, le 18 .

Le Ministre des affaires étrangères,

Modèle n° 4.

Article 45 du décret du 31 mai 1862 et 20 du Règlement.

MINISTÈRE DES AFFAIRES ÉTRANGÈRES.

DIRECTION DES FONDS ET DE LA COMPTABILITÉ.

N° ___

MINISTÈRE DES AFFAIRES ÉTRANGÈRES.

EXERCICE 18 .

NOTA. Les sommes portées dans les états antérieurs jusques et y compris le numéro s'élèvent à...............

À AJOUTER : Le montant des récépissés contenus dans le présent état........

TOTAL..................

BORDEREAU des sommes reversées dans les caisses publiques, en atténuation des payements effectués sur ordonnances du Ministre des affaires étrangères.

(Annexe du bordereau délivré par le Ministre sous le n° .)

ORDONNANCES À RÉDUIRE JUSQU'À CONCURRENCE DU MONTANT DES REVERSEMENTS.								DÉSIGNATION DES REVERSEMENTS.					OBSERVATIONS.
INDICATION		ORDONNANCES de payement.		CHAPITRES DU BUDGET.		DÉPARTEMENTS dans lesquels les payements ont été effectués.	MONTANT des ordonnances de payement.	NOMS des parties versantes.	MOTIFS DES REVERSEMENTS.	CAISSES DU TRÉSOR où les reversements ont été effectués.	NUMÉROS et dates des récépissés.	Montant de chaque reversement.	
des ordonnateurs.	des parties prenantes.	Numéros.	Dates.	Numéros	Titres.								
											A reporter....		

ORDONNANCES À RÉDUIRE JUSQU'À CONCURRENCE DU MONTANT DES REVERSEMENTS.							
INDICATION		ORDONNANCES de payement.		CHAPITRES DU BUDGET.		DÉPARTEMENTS DANS LESQUELS les payements ont été effectués.	MONTANT DES ORDONNANCES de payement.
des ordonnateurs.	des parties prenantes.	Numéros.	Dates.	Numéros	Titres.		

DÉSIGNATION DES REVERSEMENTS.					OBSERVATIONS.
NOMS des parties prenantes.	MOTIFS DES REVERSEMENTS.	CAISSES DU TRÉSOR où les reversements ont été effectués.	NUMÉROS et dates des récépissés.	Montant de chaque reversement.	
			Report.......		
			Total........		

Vu :

Le Ministre des affaires étrangères,

Arrêté le présent bordereau à la somme de

à rétablir au crédit du ministère des affaires étrangères, exercice 18 , comme ne provenant d'aucun des produits susceptibles d'être portés en recette au budget général de l'État, en exécution de l'article 45 du règlement du 31 mai 1862.

Paris, le 18 .

Le Directeur des fonds et de la comptabilité,

MINISTÈRE DES AFFAIRES ÉTRANGÈRES.

État des changements d'imputation à opérer par le mouvement général des fonds et par la Direction générale de la comptabilité publique, sur des payements effectués pour les services ci-après, sur les ordonnances délivrées par le Ministre des affaires étrangères.

Modèle n° 5.

Article 102 du Règlement.

MINISTÈRE DES AFFAIRES ÉTRANGÈRES.

EXERCICE 18 . — GESTION 18 .

État des changements d'imputation à opérer par le mouvement général des fonds et par la direction générale de la comptabilité publique, sur des payements effectués pour les services ci-après, sur les ordonnances délivrées par le Ministre des affaires étrangères.

IMPUTATION PRIMITIVE					NOUVELLE IMPUTATION.			
ORDONNANCES.		CHAPITRES.	NATURE DES SERVICES.	SOMMES.	CHAPITRES.	NATURE DES SERVICES.	SOMMES.	OBSERVATIONS ET MOTIFS des changements d'imputation.
Dates.	Numéros.							

Paris, le 18 .

Le Directeur des fonds de la comptabilité,

MINISTÈRE DES AFFAIRES ÉTRANGÈRES.

EXERCICE 18 .

DEMANDE DE FONDS

POUR LE MOIS D 18 .

MINISTÈRE DES AFFAIRES ÉTRANGÈRES.

Modèle n° 6.

Article 23 du Règlement.

EXERCICE 18 .

DEMANDE DE FONDS POUR LE MOIS D 18 .

NUMÉROS des chapitres.	NATURE DES SERVICES.	MONTANT DES CRÉDITS accordés pour l'exercice 18 .	MONTANT DES CRÉDITS mis en distribution depuis l'ouverture de l'exercice.	MONTANT DES ORDONNANCES DÉLIVRÉES ou à délivrer jusqu'à la fin du mois courant.				COMPARAISON DES CRÉDITS de distribution avec les ordonnances délivrées jusqu'à la fin du mois courant.		CRÉDITS présumés NÉCESSAIRES pour les dépenses du mois prochain.	RÉSULTAT DEVANT SERVIR DE BASE au prochain décret de distribution.		OBSERVATIONS.
				Ordonnances de payement délivrées depuis l'ouverture de l'exercice jusqu'au		Sommes présumées nécessaires pour les dépenses à ordonnancer jusqu'à la fin du mois courant.	TOTAL.	Restes disponibles sur les crédits à reporter au mois suivant.	Insuffisance des crédits.		Nouveaux besoins.	Crédits libres.	
1	Personnel												
2	Matériel												
3	Traitements des agents politiques et consulaires												
4	——— en inactivité												
5	Frais d'établissement												
6	— de voyages et de courriers												
7	— de service												
8	Présents diplomatiques												
9	Indemnités et secours												
10	Dépenses secrètes												
11	Missions et dépenses extraordinaires et imprévues												
12													
13													
14													
15													
16													
17													

Arrêté la présente demande de fonds, sur l'exercice 18 , à la somme de

Paris, le

Le Ministre des affaires étrangères,

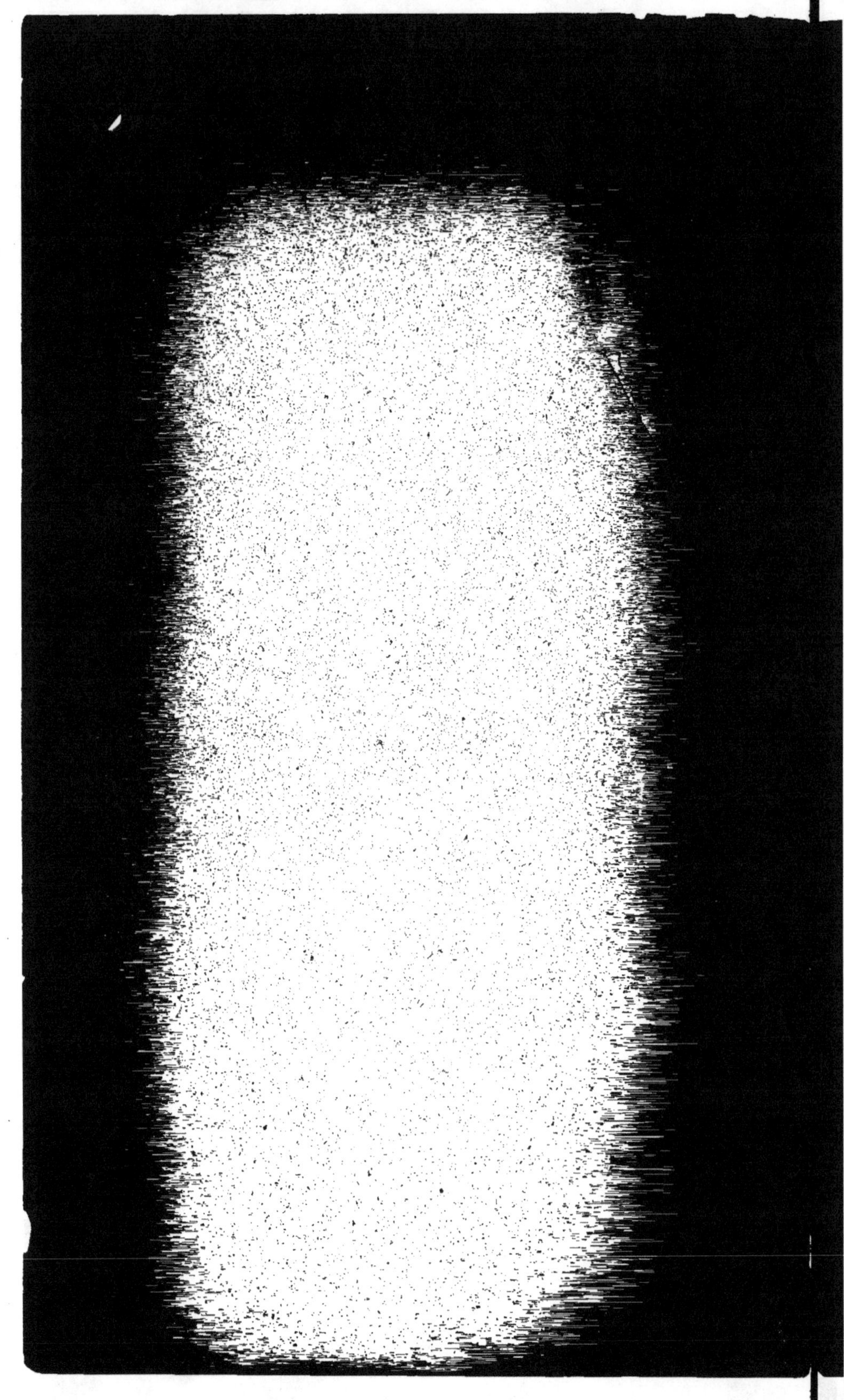

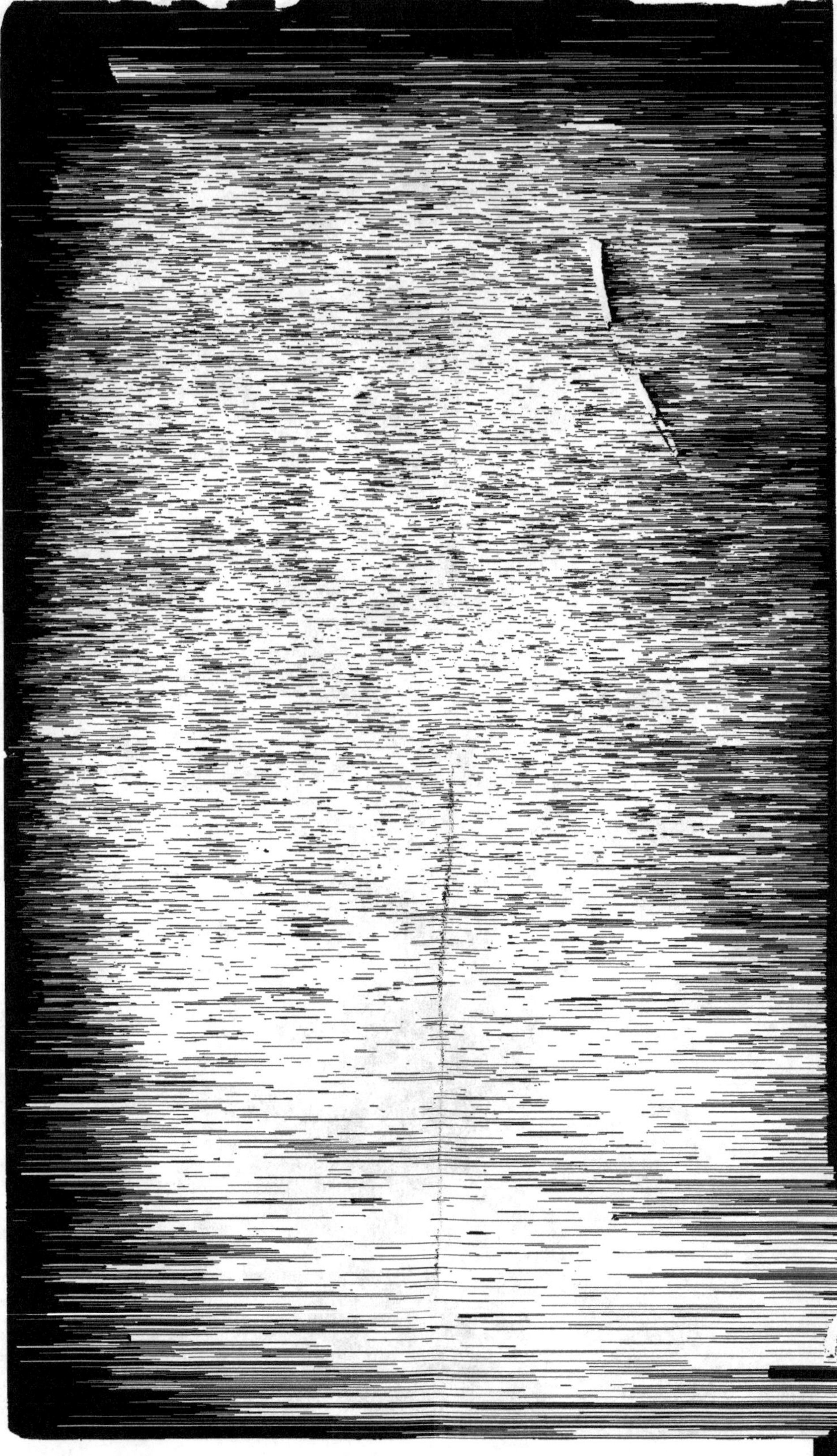

www.ingramcontent.com/pod-product-compliance
Lightning Source LLC
Chambersburg PA
CBHW072312210326
41519CB00057B/4882

* 9 7 8 2 0 1 3 7 4 5 2 7 7 *